La boda
perfecta

La boda perfecta

Haz que ese memorable día sea lo máximo

❧ ❧

Lisa Helmanis

• MARABOUT •

Índice

Secciones importantes

Cada consejo inspirador está diseñado de modo que lo puedas leer rápidamente y poner en práctica de inmediato. Encontrarás también cuatro secciones que te llevarán directamente al centro de la idea.

Sugerencia

Tómala e intenta algo... ahora y aquí mismo.
Date cuenta de lo bien que lo estás haciendo.

Intenta con otra cosa...

Si parece que la Sugerencia cambiará tu vida, entonces no hay tiempo que perder.
Intenta con otra cosa te llevará directamente a un consejo relacionado.

Para reflexionar...

Sabios consejos de maestros y maestras del arte de casarse y algo de su interesante experiencia.

¿Otras dudas...?

Si lo logras a la primera, trata de ocultar tu asombro. En caso contrario, aquí encontrarás una **Pregunta** y una **Respuesta** que aclararán otras dudas comunes y te dirán cómo resolverlas.

Introducción

Las bodas se ubican entre los acontecimientos más trascendentales en la vida de una persona. En cualquier cultura representan esperanza, amor y la promesa de un futuro feliz y pleno.

Y en todas las culturas también existen bromas acerca de las suegras. Por esta razón, la misma dicha que acompaña tu deseo de comprometerte con alguien, habitualmente va acompañada de un conjunto de... bueno, llamémosles "desafíos", ¿te parece? Y asegurarte de que tu boda, así como el periodo previo a ella, constituyan un momento que puedas apreciar por todos los motivos, implica que tengas paciencia, que la planifiques

cuidadosamente y que cuentes con una buena dosis de humor.

La moda actual para las grandes bodas de proporciones espectaculares (y presupuestos que se ajusten a ellas) implica que su organización se convierta en un trabajo de tiempo completo en sí mismo. Y teniendo que equilibrar otros aspectos como la relación, los amigos, el trabajo, la familia y la vida social, es fácil perder la perspectiva. (Y una advertencia en este sentido:

una gran boda no es lo mismo que una boda carísima, como podrás ver.)

Por tanto, ¿cuál es el secreto para obtener el equilibrio adecuado? ¿Cómo convertir en realidad la fantasía de la boda que quieres y seguir arreglándotelas para disfrutarla? Bueno, el secreto está en la planeación y en la fecha elegida para realizarla, además de tener presente en primer lugar la razón por la cual quieres casarte. La gente que se casa feliz (a diferencia de simplemente estar felizmente casada) comparte las responsabilidades, el trabajo, la diversión. Y cuando las cosas se ponen difíciles, las parejas no pierden de vista el premio, concretamente el hecho de que, al final, se habrán casado con la persona que aman.

El proceso de planificación de una boda es a menudo un tiempo en el que deberán atender algunos aspectos en los que no habían pensado, tales como las finanzas conjuntas, los conflictos familiares y la responsabilidad. Este libro te ayudará a llegar a lo importante de manera adecuada, como la comunicación y la consideración, que constituirán la base para que la realización de tu boda marche sobre ruedas. Además, a nivel práctico, esta obra le da un vistazo a todos los elementos clave necesarios para la planeación de la ceremonia, y cómo y cuándo hacerles frente. Sacaremos a relucir el misterio, repartiendo una tarea titánica en proporciones más accesibles.

Una de las principales quejas relacionadas con la organización de una boda tiene que ver con la presión de la responsabilidad. Existen muchas maneras de tratar esto. Entre los factores clave (que además te resultarán útiles para el resto de tu vida) se encuentra aprender a decir que no y saber cuándo pedir ayuda. Manejado de forma ingeniosa, compartir el estrés puede parecer como otorgar honores y construir puentes, lo que permitirá mejorar las relaciones en lugar de dañarlas.

Por otra parte, el libro te ofrece consejos sobre lo que tienen que hacer tus seres más cercanos y queridos, de manera tal que no tengas que hacerlo todo tú. Simplemente fotocopia los consejos más importantes para compartirlos con los miembros clave de la organización de tu boda, como el padrino o los oradores, y déjalo en sus manos con una sonrisa. Así, no serás tú quien tenga que hacer solicitudes o sugerencias; este libro dice cómo hacerlo. ¡Genial!

Entonces, ¿cómo hacer que las emociones que rodean a una boda lleguen a su punto culminante? Y, ¿cuándo deberías empezar a verlas como un mal signo? Bueno, prácticamente todos los involucrados en forma directa habrán soñado con ese día durante años: las mamás, con sus hijas vestidas de novia; los papás, con sus discursos; las hermanas, con que sus pequeños bebés lleven un anillo. Una boda concentra muchas, muchas esperanzas y sueños, y todos querrán que les concedas su deseo (por lo general uno de muchos). Por otra parte, las familias también están enfrentando el cambio, algo que hace aparecer tanto el miedo como la dicha en igual medida. Los padres ya no pueden negar que los hijos dejaron de ser niños (aun si te siguen tratando como si lo fueras) y tú cambiarás el foco de atención hacia tu nueva relación conjunta. Así que, relájate, el pánico que sientes es normal.

Y cuando no eres presa del pánico, tendrás que disfrutar de esas grandes cosas que hacen que una boda sea tan divertida: escoger las flores; probar pasteles; probarse vestidos bonitos; ponerse al día con viejos amigos y con la familia que hace tiempo no ves, y asistir a muchísimas fiestas.

Lo mejor de todo: tu boda te dará la oportunidad de reunir a las personas que amas para que sean testigos del compromiso que harás con quien pretendes compartir el resto de esa excitante y desnivelada travesía de tu vida. Es una manera asombrosa de comenzar lo que queda del viaje, sea que lo hagas en una playa, en una pequeña iglesia en medio del campo o en la catedral de tu ciudad. Buena suerte y... ¡felicidades!

¿Quién eres tú?

¿Grandes y esponjosos merengues? ¿Una docena de niñas vestidas de hadas?
¿O un barril de cerveza y una pierna de cerdo en tu casa?
Recuerda que ustedes dos están involucrados, por lo que decidir qué tipo
de boda se debe planear constituye la primera alianza entre ustedes.

ÉSTE ES EL MOMENTO EN QUE LAS PAREJAS FRECUENTEMENTE SE ESFUERZAN TANTO POR DARLE GUSTO A LA OTRA PARTE, QUE ACABAN SIN SATISFACER A NADIE. LA MEJOR FORMA DE EVITAR ESTO ES QUE CADA UNO ESCRIBA LOS DETALLES DE LA BODA DE SUS SUEÑOS Y DESPUÉS INTERCAMBIEN SUS LISTAS. PODRÍAN SORPRENDERSE.

Puedes imaginarte a tu compañero como un sofisticado cosmopolita, aunque en realidad es un joven romántico y tradicionalista: entonces tienes que pensarlo de otro modo.

El hecho es que la mayoría de la gente (en especial la parte femenina de la especie) ha fantaseado sobre este suceso desde que tenía la edad suficiente para entender los cuentos de hadas que terminan en "sí, acepto".

La boda perfecta

Por lo tanto, no te sorprendas si tú o tu compañero empiezan súbitamente a imaginar carrozas de cristal; sólo revisa todas las opciones antes de reservar... podría tratarse de la charla que tuviste contigo misma cuando tenías cinco años.

¿Qué es lo que quiero?

Sin lugar a dudas encontrarás que los recortes de tu álbum de bodas (no una obsesión de fanática melancólica, sino una manera esencial de seguir el hilo de todo lo que pasa) parecen haber sido recopilados por un esquizofrénico borracho. No te asustes (a menos que seas una esquizofrénica ebria), ya que generalmente las cosas se dan así. En lugar de lamentar el hecho de que no tengas una perspectiva clara, fíjate si existe algún denominador común. ¿No sabes si utilizar flores blancas u otras de colores brillantes? ¿Hay algo que conecte las fotos, como un uso notorio de plantas, o acaso un ambiente romántico de campo? Es probable que ése sea el tema y no lo que específicamente buscas. Piensa de forma lateral.

Completamente incompatibles...

Una vez que hayan escrito sus listas, con mucha suerte compartirán la misma visión; lo más probable es que tengan algunas coincidencias pero también algunas diferencias. Decidan cuáles son las más importantes para ustedes. Si tú quieres varias damas de honor y tu novio es un melómano, ofrécele a él un regalo de bodas prematuro cediendo la decisión en sus áreas favoritas. Además, esto puede ayudar a esclarecer el tema de la responsabilidad.

Sean consistentes cuando se asignen responsabilidades. Salir apresuradamente en un Lamborghini para llegar a la recepción parece más cómico que romántico cuando la novia luce un tocado de encaje larguísimo de época. El periodo de preparación de una boda es destacado porque resulta increíblemente estresante; uno de los miembros de la pareja siente que carga con todo el peso de la responsabilidad sobre sus hombros. (No hay premios a quien adivine de quién de los dos se trata.)

Sugerencia

Si tú y tu compañero son personas visuales o les cuesta mucho describir lo que están imaginando, cómprate una pila completa de revistas de bodas y arranca las imágenes que te resulten atractivas. Después de haberlas revisado juntos y de decidir cuáles son las que les gustan a ambos, ponlas en una carpeta y utilízalas como material de referencia para el florista, el repostero que hará el pastel o la modista que hará tu vestido. Es la manera ideal para que estén seguros de que comparten la misma perspectiva. Después de todo, las palabras pueden interpretarse de múltiples formas.

Intenta con otra cosa...

Mantengan una charla franca sobre los problemas a los que se puedan enfrentar. Pocas parejas llegan al gran día sin haberse levantado la voz alguna vez, aunque sería muy útil si entienden las razones y comprenden que, aunque quieran lo mismo, son dos personas diferentes.

=La boda perfecta=

¿Otras dudas...?

Pregunta

Mi futura suegra se está haciendo cargo de nuestra boda y apenas acabamos de comprometernos. Mi pareja siempre lo tolera porque ella es una mujer formidable, pero yo no quiero llegar al altar a su paso. **¿Qué hago para contenerla?**

Respuesta

Como suele decirse, el ataque es la mejor defensa. De seguro ella estuvo esperando esto durante años, por lo que simplemente pedirle que "se largue" no aportará nada para un momento estupendo. Intenta ser proactiva y dale una lista de tareas que quisieras que hiciera, en las que no tenga que tomar decisiones. Pídele que consiga presupuestos de alguien que toque el arpa, que averigüe qué empresas de alquiler de autos te pueden encontrar un Mercedes blanco o que ordene por direcciones las invitaciones. Todas estas tareas son legítimamente útiles, entonces no se sentirá vilipendiada ni marginada, aunque se dará perfecta cuenta de que no le toca a ella tomar las decisiones.

Pregunta

¿Qué hacemos si insiste?

Respuesta

No lo compliques y sé valiente. Asegúrate de agradecerle todo su esfuerzo y sugerencias, pero déjale claro que no quieres cargarla con tanto trabajo. Si sigue sin captar la indirecta, dile un cariñoso y cortés "no" y después quédate callada. No te justifiques porque podrías dar pie a que piense que tiene un argumento válido y convincente que te empeñas en atacar, dejando el plato de la balanza inclinado de su lado. Si persiste, sólo repite el "no"; si no puede respetar tus límites, tendrás que establecerlos de manera más contundente, o esta situación se repetirá todo el tiempo en tu futura relación.

El mundo
y la madre del mundo

Probablemente la cuestión de las expectativas de los demás constituya el factor más polémico de cualquier boda, y se requerirá de nervios de acero y de la buena gracia de la Madre Teresa para dejar contentos a todos los involucrados.

TODOS ELLOS, DESDE TU ABUELITA HASTA LA MAMÁ DE TU OTRA MITAD, TENDRÁN SU PROPIA LISTA DE "INVITADOS OBLIGADOS". NO TE SORPRENDAS SI NUNCA SUPISTE NADA NI CONOCES SIQUIERA A LA MITAD DE ELLOS.

La mejor manera de hacer frente a esta situación es tomar el control desde el primer día. Solicita a todas las partes que escriban una lista de su propuesta de invitados en orden de importancia.

Déjales claro que tanto el espacio físico como el presupuesto pueden hacer que no todos los integrantes de sus listas se incluyan en la lista final. Tú y tu futuro consorte también deben hacer sus propias listas inmediatamente después de comprometerse, de manera tal que nadie se les escape (en lugar de descubrir que un tío abuelo y su familia, que viven al otro lado del mundo, aparecieran en el último momento, echando por tierra tanto el orden establecido para las mesas como tu presupuesto).

Encarga tus invitaciones al menos cuatro meses antes de la boda, y deja un mes adicional para que la imprenta pueda grabarlas (en lugar de terminar escribiéndolas a mano o imprimiéndolas en tu computadora).

En algunos lugares son los padres de la novia quienes envían las invitaciones, pero si los padres del novio corren con algunos gastos de la boda, entonces las invitaciones también debieran salir a su nombre.

No escatimes a la hora de encargarlas; necesitarás al menos 25 invitaciones extra para los invitados de último momento y los pocos que se te hayan olvidado. Puede parecer un derroche, pero gastarán mucho más si tienen que volver a encargar las que les falten. Encarga con suficiente anticipación las invitaciones; te sorprenderá ver cuánto tiempo lleva elegir el diseño adecuado. Y en cuanto el impresor te las entregue, pon manos a la obra de inmediato para rotular los sobres. Volverás a sorprenderte cuando veas lo que representa escribir los nombres de todos los invitados. El proceso será aún más largo si utilizas un calígrafo o si tu lista de invitados es muy grande. También invertirás un tiempo considerable en entregar las invitaciones, especialmente si decides hacerlo en forma personal.

Para reflexionar...

6 6 El momento justo es cuando los buenos amigos se reúnen en torno a un tarro de cerveza en la mesa y con buena música sonando nítidamente. 9 9

RICHARD HOVEY
de *Spring*

Para que cuadren los números

Una parte importante en el proceso de las invitaciones, y una inyección para tu salud mental, la constituyen las tarjetas de confirmación o respuesta. Deben agregarse a la invitación y te ayudarán a determinar el número de personas que realmente asistirá a tu boda. Estas tarjetas deben ser fáciles de entender y de utilizar por tus invitados, y aclarar perfectamente que quieres que te las devuelvan. De ser necesario, para el servicio de alimentos y bebidas puedes fijar una fecha límite para que tus invitados te respondan; por ejemplo, un mes antes de la boda. Si quieres obtener una respuesta segura, incluye un sobre con tu dirección y un sello postal, así evitarás la disculpa de aquellos amigos solteros que parecen no dominar el arte de comprar estampillas. Si la recepción se realiza en un lugar distinto al de la ceremonia, debes incluir en la invitación una tarjeta separada con la fecha, la hora y el lugar donde se realizará.

¿Qué decir en la invitación?

Escribir la invitación puede ser algo complicado, pero afortunadamente existe un sinnúmero de convenciones y sistemas a los que sumarte o, por el contrario, rechazarlos. Tu imprenta preferida tendrá varios modelos para elegir.

a medida que las celebraciones de matrimonio son más lejanas y elaboradas. Además, constituye un detalle considerado que simplifica la vida de tus invitados y, en el proceso, rescata algunos matrimonios.

(¡No lo olvides! Las parejas que se encuentran perdidas y atrapadas dentro del auto en una carretera secundaria no conforman invitados felices a una boda.)

Incluye instrucciones escritas y gráficas, y considera el hecho de que tus invitados pueden llegar de diferentes lugares. Si no quieres incluirlo en tus invitaciones, anexa un mapa de referencia de alguna página de Internet. Si eliges un lugar lejano, quizá tengas que diseñar tu propio mapa y dejar globos o carteles en puntos importantes para garantizar que tus invitados no pierdan las esquinas en las que tienen que doblar. Recuerda incluir una tarjeta del salón para los invitados a la ceremonia si ésta se lleva a cabo en un lugar distinto al de la recepción.

Sugerencia

Dibuja un mapa que describa cómo llegar a la ceremonia y/o a la recepción. Es cada vez más frecuente encontrarlos en las invitaciones de bodas, especialmente

Intenta con otra cosa...

Las servilletas, los fósforos y las órdenes de servicio también deben solicitarse a la imprenta.
Ve el consejo de la pág. 96, Escoger un tema para la decoración, para elegir un tema que los vincule y crear una apariencia elegante y coherente.

¿Otras? dudas...

Pregunta

A mí no me gustaría ver niños llorando en mi boda, pero mi prometida le dijo a su sobrina que podía venir. **¿Qué puedo hacer?**

Respuesta

La presencia de niños a menudo representa un gran tema. Determina tan pronto como sea posible si quieres invitarlos. Conviértanlo en una regla e insiste en el hecho de que ambos se apegarán a ella. ¡Debes tener voluntad de acero!

Pregunta

Entonces, **¿tengo que ser "el malo de la película" a los ojos de su sobrina?**

Respuesta

Todo depende de la manera en que lo plantees. Trata de ser justo con todos los niños y con sus padres, evitando lastimar a uno en particular. Si permites que una pareja lleve a su preciosa criatura, entonces llegarás al altar entre las miradas fulminantes de los demás papás que dejaron a sus hijos en casa.

Pregunta

¿Y qué puedo hacer para que su sobrina no se sienta decepcionada?

Respuesta

Tienes que convencer a todo el mundo de que la sobrina de tu novia va a cumplir con un papel oficial, como el de la niña que lleva las flores. De esa manera contarás con una excusa legítima para incluirla.

La novia sonrojada

¿Existen verdaderas razones para sonrojarse?
Por supuesto, soñaste con este día desde que eras muy pequeña,
pero recuerda que tenías la figura de una niña de doce años en ese entonces.
Es imprescindible que seas realista al momento
de buscar el vestido adecuado.

¿SIEMPRE QUISISTE BRILLAR ENTRE SEDAS PERO SABES QUE NO PONERTE UN SOSTÉN LO VOLVERÁ IMPOSIBLE? ¿TE PROBASTE UNA FALDA AMPLIA Y PARECÍAS ARBOLITO DE NAVIDAD? EL TRUCO ES ELEGIR UN VESTIDO QUE TE GUSTE, PERO TAMBIÉN UN VESTIDO QUE TE QUEDE Y CON EL QUE TE SIENTAS BIEN.

En primer lugar, no debes entrar a una tienda de vestidos de novia sin tener ninguna idea de lo que quieres; en caso contrario, lo que vas a encontrar es la locura. Muchísimas mujeres casadas podrán decirte que el vestido que se probaron sólo por bromear, el vestido que jamás en su vida hubieran tomado en cuenta, resultó ser el vestido con el que caminaron al altar. Mejor, deja de buscar en las revistas hasta que hayas tenido al menos una prueba importante del vestido.

Tu vestido de novia es totalmente distinto de todos los vestidos que alguna vez hayas usado. Para empezar, debería ser blanco o color crema, y mucho más largo y con un diseño mucho menos común que cualquiera de los que cuelgan en tu guardarropa. Pruébate cada modelo que te llegue a las manos, aunque no te guste el estilo. Y lo mismo ocurre con tu color de piel: el blanco puro no le queda a todo el mundo. Contrasta tu vestido con tu piel a la luz del día y dentro de la tienda, tus invitados indefectiblemente lo harán el día de tu boda.

Cuando encuentres el estilo que te queda, compara el costo de las telas. (No es lo mismo un vestido de seda lisa que un vestido bordado con cuentas, con corsé y corpiño y con una falda con crinolina.) Esto te dará una idea de lo que debes tener en cuenta al definir tu presupuesto. Una vez hecho esto, puedes hojear las revistas de bodas que te ayuden a encontrar las variaciones posibles. Ten presente que deberás encargarlo por lo menos tres o cuatro meses antes de tu gran día y, si eres indecisa, debes fijarte esa fecha como límite para evitar caer en una compra de pánico de último momento.

La boda perfecta

17

¿Alguien que cubra tus espaldas?

Necesitas una cómplice de vestido que te quite cualquier fantasía infantil de Cenicienta y a quien darle rienda suelta para que te diga: "es cierto, tu trasero luce realmente grande en eso". (Cuando pronuncies tus votos, los invitados no estarán mirando tu cara.) Y asegúrense de que alguna de ustedes se acuerde de llevar tacones, a menos que uses zapatos bajos o andes sin ellos. Que tu vestido esté algunos centímetros más corto de lo que debiera podría ser devastador, si hablamos de elegancia en el vestir.

Algunas consideraciones prácticas no tan apasionantes

¿Una enagua de encaje en invierno? Puede ser buena idea, pero te llevará a una boda lamentable. Piensa en la estación del año en que te casarás. En pleno verano, seda fresca, chiffón, algodón o encaje; en los meses más frescos del invierno recurre a telas más gruesas como el brocado, el terciopelo, el satín o el raso. Trata de ser práctica: subirte una inmensa falda a través del campo para llegar a una carpa pudiera parecer gracioso al principio, pero pronto perderá su atractivo humorístico.

Sé positiva. Escribe una lista con las mejores cosas que tengas y con todas las que te gustaría lucir para aprovechar al máximo en ese día. (Aunque probablemente no sea adecuado que muestres todas.) Un adorable vestido con los hombros descubiertos es ideal para un cuello alto, y una figura de pera se puede disimular con una cintura ajustada, exhibiendo una falda amplia y un canesú con pinzas. ¡Nunca más tendrás la posibilidad de esconder las partes que no te gustan de ti tan hábilmente! Y no olvides que, a menudo, los presupuestos se extienden por cuestiones imprescindibles como la ropa interior, las medias, los zapatos, las alhajas, las bolsas, los pañuelos, etc. Todo esto será el toque final y completará tu apariencia, pero ¿es necesario que te quedes en bancarrota?

Sugerencia

Al elegir tu vestido, primero piensa en tu peinado y si usarás o no un tocado. Algunos escotes se llevan mejor con el pelo recogido o suelto, con velo o sin él, por eso debes tomar en cuenta estas sugerencias. Las tiaras o diademas constituyen una opción difundida que le queda a cualquier largo de cabello, aunque puedes necesitar productos para el pelo y algunas horquillas para lograr que permanezcan puestas. Si quieres un tocado con el mínimo de alboroto, una diadema de seda o un simple lazo se verán lindos y evocarán la década de 1950, además de ser efectivos para un día con viento. Las coronas se ven maravillosas si se utilizan con un velo largo, y las flores frescas dan un toque especial a cualquier vestido; una sola flor exótica puede añadir un verdadero glamour. Los sombreros acompañan un vestido más formal, pero pueden verse espectaculares con un elegante traje de pantalón o falda. Sólo recuerda que más tarde querrás quitártelo, por lo que necesitarás un peinado que responda a la situación.

Intenta con otra cosa...

Piensa si quieres un tema para tu boda (color, época, estilo) ya que, de existir, facilitará la elección del vestido. Ve el consejo de la pág. 96, Escoger un tema para la decoración.

¿Otras dudas...?

La boda ya es un hecho. Encontré el vestido de mis sueños pero mi novio me dijo que no, que es demasiado caro para un solo día. **¿Qué puedo hacer?**

Respuesta

¡Ah, hombres y vestidos! Hay manera de reducir los costos sin renunciar a tus sueños; piensa en alguna tela artesanal en lugar de la seda. Si quieres sentir en tu piel la auténtica seda, puedes alquilar el vestido. Antes de gritar de horror, en ocasiones cuesta más o menos lo mismo el alquiler de un vestido de diseñador que un vestido de producción masiva. Si tienes que comprarlo, recupera algo del costo de un vestido de diseñador vendiéndolo después de la boda. Existen muchas agencias y sitios de Internet que ofrecen este servicio (a menos que lo hayas bañado en vino tinto). Además, ¿cuántas veces más vas a ponértelo?

Pregunta

No, no puedo resistir la idea de quedármelo. Entonces, **¿qué tengo que hacer ahora?**

Respuesta

Tienes que ceder un poco. Llega a un acuerdo respecto a algún otro punto de la boda y dile a tu prometido que el vestido formará parte de las reliquias familiares. Consérvalo, pero mándalo a una tintorería especializada y guárdalo en una caja, para cuando se case tu hija. O redúcele el largo, tíñelo de rojo y llévalo a un baile.

Incluye variaciones

**La tradición señala que debes disponer de dos meses de salario para comprar un anillo de compromiso y gastar lo que quieras en los anillos de boda, más baratos, ya que por lo general son más simples.
En vista de que se trata de un desembolso considerable, asegúrate de escoger lo que más les guste.**

TIENES QUE ENTENDER ALGUNAS COSAS DE JOYERÍA DE MANERA TAL QUE OBTENGAS EL MEJOR BRILLANTE PARA LA LUZ DE TU VIDA. ¿CUÁNTO SABES ACERCA DE LO QUE ESTÁ BUSCANDO?

El corte constituye el aspecto más importante de un "brillante" y existen muchos tipos. Además, hay cortes de moda (como la talla baguette), razón por la cual necesitas relacionarte con ellos pasando algunas tardes hojeando revistas de bodas y visitando a un joyero respetable. No querrás presentarle a tu novia algo que una viuda hubiera adorado pero que todavía piensa en cómo deshacerse de él. El corte se refiere al número, ubicación y forma de las facetas (lisas, pulidas, planas) que conforman un diamante terminado. La forma en que se corta la piedra de-

termina su resplandor (reflexión de luz blanca o brillante), y el fuego de la gema (dispersión de la luz blanca en los colores del arco iris). Un buen corte puede sacar a la luz la belleza de una piedra, de la misma manera en que un mal corte puede dejarla sin brillo. El siguiente aspecto a considerar es la claridad, es decir, qué tan claro es el diamante.

Los defectos en las caras exteriores se denominan "imperfecciones" y las que se encuentran dentro de la piedra se conocen como "inclusiones". Esto puede parecerte una posibilidad horrenda, ¿cómo vas a comprar para tu amada un diamante que no es perfecto?

Sin embargo, la mayoría de ellos tiene imperfecciones. Otra característica que puede sorprenderte es que no siempre son blancos, aunque pudieras pensar que sí lo son. Por lo general son blancos o amarillos, a pesar de que vienen en casi todos los colores del espectro.

La boda perfecta

Para reflexionar...

❝ Con este anillo yo te desposo, con mi cuerpo yo te venero y te doto con todos mis bienes mundanos. ❞

VOTOS MATRIMONIALES
Libro del rezo común.

Los diamantes amarillos suelen ser más baratos, aunque no reflejan la luz de la misma forma. El peso de tu diamante se mide en quilates, y cada quilate equivale a 200 miligramos.

Ahora que ya sabes en qué necesitas gastar tu dinero, tienes que pensar en el estilo de engarce. Una vez más, no es momento de pensar en lo que usó tu mamá. Haz las veces de James Bond y espía un poco a tu novia. ¿Qué colores le gustan? Revuelve su alhajero: ¿tiene más cosas de oro o de plata? Si están parejos, ¿hay algunas joyas que quizá nunca se puso? ¿Es de carácter ostentoso o detesta el escándalo? Tal vez quieres comprarle una piedra que haga que su brazo se estire hasta el piso como signo de tu adoración, pero seguramente se sentirá más querida y entendida si le obsequias un engarce de época simple que refleje su propio estilo.

Hay muchos engarces para escoger, y todos pueden brindarle algo distinto a la piedra. Si quieres que realmente brille, elige alguno que permita que pase tanta luz por la gema como sea posible. Tradicionalmente elegirías poner la piedra (o piedras) en alguno de los tres metales preciosos más famosos. Se trata del oro (que viene en varios tonos; la apariencia plateada de algunos anillos a menudo procede del oro blanco), el platino y el titanio. Para los anillos de boda, también puedes escoger entre ellos.

Hacerlo especial

Encargar tu propio diseño puede darle un toque especial extra a su unión, además de constituir un gesto que tu amada apreciará enormemente. Pese a que puede parecer algo caro y tomarte mucho tiempo, acabará por darte lo mejor. Los diamantes no montados son la mejor opción, y si realmente te gusta puedes tener una copia del engarce. Además, comprar un diamante ya montado implica que no sea posible constatar su calidad. Sin embargo, la hechura del anillo puede llevar semanas, lo mismo que si se lo encargas a un diseñador, así que incluye este tiempo dentro del calendario de tu propuesta de matrimonio o del día de la boda.

¡¡¡¿Cuánto?!!!

Establece tu presupuesto y después intercambia los diferentes componentes hasta obtener lo que te parezca la mejor combinación. ¿Se trata de un anillo tamaño *king*, o de una alianza de brillantitos muy bien cortados súper centelleantes que se puede ver a tres cuadras de distancia? Decide de qué forma, de cuántos quilates y de qué color lo quieres. Y prepárate para regatear; generalmente existe un margen de negociación dentro del precio. Después llévatelo a casa y asegura todos los anillos antes de dárselos al padrino.

Sugerencia

Piensa en el mensaje que pudieras grabar en la parte interior de los anillos, quizás el nombre de una mascota, la fecha en que iniciaron su relación, la fecha de la boda o las iniciales de ambos.

Intenta con otra cosa...

¿Sabes en qué está pensando tu novia? Si te sientes perdido, habla con ella; repasa el consejo de la pág. 8, ¿Quién eres tú?, y encontrarás la forma de resolverlo.

¿Otras? dudas...

Pregunta

En su testamento, mi abuela me dejó su anillo de compromiso para que se lo diera a mi futura esposa. Éramos muy cercanos y me encantaría hacerlo, pero se trata de un anillo en racimo en un engarce de oro; mi novia es una rubia moderna que sólo usa plata. **¿Qué debo hacer?**

Respuesta

Eres afortunado. Es fácil de arreglar Puedes hacer que quiten las piedras y reengarzarlas. Dependiendo de tu gusto, podrías tomar la gema central y colocarla en un engarce de plata, y con las piedras pequeñas hacer unos aretes que tu novia pueda utilizar el día de la boda.

Pregunta

Pero, **¿no es falta de respeto a mi abuela deshacer el viejo anillo?**

Respuesta

Seguramente tu abuela hubiera preferido que las joyas se utilizaran de alguna manera a que nadie las usara. ¿Por qué no tomas una fotografía del anillo y escribes su linaje en el reverso como un recuerdo, que tu esposa podrá decidir legar a alguno de tus hijos? De esta manera podría nacer una tradición familiar, pero una tradición que se mantiene al día.

Damas de honor

Después de haber sorteado aguas plagadas de tiburones
para elegir a tus damas de honor empieza el verdadero trabajo.
Necesitas que se vean grandiosas, se sientan geniales
y que sean maravillosas con las demás.

Las damas de honor juegan un papel fundamental. Además de lucir grandiosas (aunque no demasiado), deberían ofrecer ayuda, apoyo y planificación, y prepararte una buena despedida de soltera. Pero, por supuesto, existe un área esencial que determinará qué tan felices estarán todos ustedes: los vestidos de las damas de honor. Muchas amistades titubearon entre seda tipo shantung rosa y mangas abullonadas.

Se deben considerar algunas variaciones. En primer lugar, a menos que formes parte del jet set y que tus invitadas sólo sean modelos, todas tendrán tamaños, tallas y edades distintas. Comienza preguntando a cada una con qué se sienten cómodas: las damas de honor adultas generalmente se sienten cohibidas en un vestido largo y pueden preferir uno hasta la rodilla. La línea imperio es grandiosa para esconder el estómago, y aquellas con busto grande pudieran sentirse incómodas con vestidos de tirantes que impiden el uso de sostén.

La boda perfecta

En lugar de volverte loca, ¿por qué no eliges un color y una tela y les pides que elijan alguna variación a partir de eso? De esta forma estarás segura de que la batalla sólo llegará a su mínima expresión. (Y recuerda al momento de elegir la tela que el satín con mucha caída y que se pega al cuerpo no tiene ninguna compasión.) Si dar con el color adecuado resulta un problema, elige el estilo del vestido y deja que seleccionen los colores de una gama complementaria, o diferentes matices de un mismo tono. Prueba dos colores en un tono y otros dos en otro. Pero al pensar en el color de tu tema, considera que no todo el mundo puede verse bien en un amarillo canario.

Es tu día, hazlo a tu manera

No dejes que tus damas de honor te intimiden a la hora de elegir la vestimenta. Todas las mujeres saben cómo se siente cuando no te gusta la forma en que te ves, por ello es fácil ceder ante sus demandas.

Pero no dejes que te presionen en varias direcciones. La mejor manera de resolver esto es permitir que manifiesten su individualidad dejándolas que elijan sus zapatos, bolsas o joyería. Incluso puedes hacer que sus ramilletes sean diferentes, o si alguna de ellas prefiere no llevar uno, entonces permítele que lleve un prendedor con las mismas flores. Así, ese día sentirán que continúan siendo ellas mismas. No te sientas forzada a abandonar tu idea original. No querrás que la gente vea tus fotos y se pregunte si la novia con el vestido de encaje de la época victoriana tomó prestadas esas ultra modernas damas de honor de alguna otra boda sólo para las fotos.

Llegar a cuestiones difíciles

Designar una dama de honor pudiera implicar un favoritismo innecesario, pero es una buena manera de garantizar que alguien vigile a tus adorables ayudantes en tu lugar. Pídele que tome las medidas de las damas de honor y que se asegure de que cada una lleve la ropa interior adecuada. Que tu distraída compañera de la secundaria se ponga un sostén negro bajo su vestido rosa pálido porque no pensó detenidamente en todo puede ser simpático, pero arruinará las fotos. La dama de honor elegida también podrá interceder en caso de conflicto.

Asegúrate de que las damas de honor se involucren desde el principio, de manera que puedan expresar sus inquietudes a tiempo. Además, pídeles que sean realistas: necesitas sus medidas exactas y no dejes que te digan que piensan perder algo de peso porque te encontrarás rodeada de muchísimas costuras estiradas. Recuerda que la confección de los vestidos de las damas de honor puede tardar meses.

Puede surgir un problema respecto a quién paga esos vestidos. No es extraño que las damas de honor paguen sus propios vestidos, pero considéralo detenidamente. No les pidas que gasten un dinero en un vestido que no se volverán a poner, a menos que sea como disfraz, y no elijas algo que sea ridículamente costoso. Si eligen algo que después puedan ponerse de nuevo, estarán más contentas al pagar. Tienes que sopesar la situación económica actual de cada una antes de decidir un estilo, y quizá tengas que ayudar económicamente a tu prima que batalla para pagar su colegiatura.

Peinado

Considera el uso de flores artificiales para los postizos siempre que sean acordes con las flores con que se adorne el lugar de la boda. Dado que no es fácil encontrar buenas flores artificiales, otros tipos de postizos pueden ser mejores, durables y atractivos.

Sugerencia

Solicita muestras a tu modista o al negocio donde comprarán los vestidos, una para cada una de las damas de honor (y un par extra en caso de que las pierdan) para que cada una la utilice cuando busque sus zapatos o el maquillaje adecuado.

Intenta con otra cosa...

¿Tienes una dama de honor cuyo pelo es una maraña y que se pone sombra en los ojos como si tuviera cinco años? Haz que lea contigo el consejo de la pág. 48, Para coronar tu belleza, con el fin de encontrar la forma de que haga las cosas correctamente.

¿Otras dudas...?

Pregunta

La hermana de mi futuro esposo es muy bonita, una muchacha de 21 años muy delgada que insiste en utilizar un vestido de tirantes, corto, que mis amigas un poco más grandes y cohibidas odian. Quiero que todo el mundo se sienta cómodo, pero, **¿cómo hago para que ella transija un poco?**

Respuesta

Tu futura cuñada parece bastante ensimismada, por eso recurre a su ego. Dile que tus amigas se sienten un poco ansiosas por lo que implica la comparación y que necesitas que todas se comprometan por igual. Concédele el vestido de tirantes, pero ni hablar de una caída que se pegue al cuerpo; un vestido o conjunto estructurado con corsé se acomoda mejor a una variedad de figuras.

Pregunta

¿Qué puedo hacer por mi amiga que se siente incómoda con la parte superior de su brazo?

Respuesta

Un elegante chal sobre sus hombros le puede brindar una cobertura extra.

Que vengan las flores

¡Tu florista puede ser tu salvador!
Él te ayudará más de lo que te imaginas, así que aprende
a pedir lo que quieres y a obtener lo mejor de tus flores.

SI EL FLORISTA SIGUE INSISTIENDO CON ARREGLOS QUE NO PUEDES PAGAR, SIGUE DE FRENTE. ASEGÚRATE DE QUE TU ENTREVISTA CON LOS FLORISTAS SEA ADECUADA Y PÍDELES QUE TE DEJEN VER SU PORTAFOLIOS DE TRABAJO. SI QUIERES COMPARAR PRECIOS ESCOGE UNA FLOR SIMPLE, COMO UN RAMILLETE O UN RAMO DE ROSAS BLANCAS, Y UTILÍZALO COMO REFERENCIA.

Un florista popular, o simplemente bueno, conocerá los principales eventos de la zona y podría hacer las recomendaciones apropiadas. Además, deben poder alquilar espejos de mesa, floreros y candelabros. Por otra parte, vale la pena que les preguntes si pueden ofrecerte flores de seda para los arreglos del peinado (o para algún miembro de la fiesta que sea alérgico). Algunos floristas cobran un cargo por llevar las flores a la ceremonia y a la recepción y por arreglarlas en cada lugar, así que es necesario verificar si ese cargo está incluido en tu presupuesto.

¿Cuántas flores necesitas exactamente?

La novia y sus damas de honor son las únicas que llevan flores. El novio lleva una sola flor en la solapa izquierda, cerca del corazón. Con frecuencia el novio escoge una flor para el ojal que también forme parte del ramo de la novia. Para asegurarse de que nadie lo confunda con el padrino (incluida la novia si tomó una copa para obtener valor y calmar sus nervios), el arreglo del novio debe ser más elaborado o más grande que la flor que lleven los otros hombres en sus ojales. El novio entregará a cada hombre una flor en la fiesta de la boda para que la usen en su solapa izquierda, incluido a veces el oficiante (si es hombre, y un prendedor si es mujer).

El novio también debe encargarse de darle las flores a su mamá, a la mamá de la novia y a las abuelas. Comprueba que hagan juego con lo que lleven puesto. (Debe solicitarle a la dama de honor "en jefe" que averigüe el color de cada vestido.) Además, el novio puede ganar unos puntos adicionales si es especialmente considerado y prepara unos prendedores para la vestimenta que utilice la novia en su despedida.

De la misma forma que el resto de la gente, debes llevar algunas flores para tu evento especial. Sea que estés en una iglesia o en la ceremonia civil, habrá un altar principal en el que te casarás. Dado que ésta es una de las ubicaciones principales para las flores, poner flores que reflejen el tema o el color del ramo de la novia es

Para reflexionar...

" Las flores siempre hacen que la gente se sienta mejor, más feliz y más útil; constituyen el sol, el alimento y la medicina para el alma. "

LUTHER BURBANK
naturalista

una buena idea. Confirma que sean flores de tallo largo o lo suficientemente elaboradas como para que las vean los invitados que estén sentados atrás. Verifica que la iglesia acepte que tú escojas tus propios arreglos, ya que en algunos casos la regla es que utilices sus propios modelos, los cuales llegan a desentonar con el conjunto.

Pregunta si es posible hablar con la persona que habitualmente se encarga de las flores para saber cuáles le van bien al espacio y cuáles deben dejarse de lado (algunas tiernas flores silvestres pueden no generar efecto alguno si te casas en una catedral majestuosa). Sería mejor utilizar dos arreglos principales en el altar, en lugar de usar los extremos de las bancas. Generalmente están decorados con flores, velas, listones o estampas religiosas. Si la ceremonia se realiza en exteriores, podrías casarte bajo un árbol que tenga tus azahares favoritos, o colgar flores de las ramas atadas a un cordel. Si la boda se realiza en invierno o en otoño, o se trata de una ceremonia a la luz de las velas, utiliza candelabros decorados con flores u hojas de plantas para lograr una atmósfera espectacular. Obviamente, puedes añadir o quitar, dependiendo del sitio y de tu presupuesto.

Lograr una excelente recepción

En la mesa principal se sentará la comitiva de la boda durante la recepción, y es la más importante en términos de la decoración. Debe decorarse con un espectacular centro de mesa para que destaque. Dado que a menudo se trata de una mesa rectangular, se ve maravillosa con guirnaldas en los bordes, lo cual también permite que los invitados vean a los novios. Generalmente las damas de honor colocan sus ramos frente a sus lugares en la mesa, así que a la hora de planear la decoración de esa mesa, tengan en cuenta que éste será un rasgo extra. Es frecuente que las mesas de los invitados también tengan un arreglo floral. Éste debe ser lo suficientemente bajo como para que los invitados puedan conversar, o lo suficientemente alto y delgado como para que puedan verse a través de él (como los floreros espigados).

Si van a tener mesas de servicio tipo buffet, usen arreglos florales que armonicen con el tema del resto del salón. Además, saquen el mayor provecho de la comida, por ejemplo, apilando la fruta como si se tratara del cuerno de la abundancia, lo que agregará el sentimiento de festejo. Piensen lateralmente: las calabazas pueden sonar como una elección rara, pero son llamativas como parte de un arreglo otoñal, igual que las hierbas.

Sugerencia

Así como debes lucir grandiosa, tienes que tomar en cuenta la fragancia de las flores. Las flores perfumadas en las bancas de la iglesia realzan una boda primaveral pero pueden competir con el aroma de las mesas de servicio. Y algunas flores se ven sensacionales pero no funcionan en un ramo o en un centro de mesa (los bulbos de las liliáceas son deslumbrantes en términos visuales pero, como forman parte de la familia de las cebollas, también poseen un olor fuerte). Ve a la florería y familiarízate con los perfumes antes de comenzar a tomar decisiones con relación a tus arreglos florales.

Intenta con otra cosa...

Una gama estricta y limitada de colores puede realzar el efecto de tus flores, del mismo modo que lo hará elegir la variedad adecuada. Ve el consejo de la pág. 96, Escoger un tema para la decoración.

¿Otras dudas...?

Pregunta

Me encantan las flores y no quiero escatimar en ellas, pero el presupuesto que me dio el florista me alcanza sólo para sales aromáticas. Decidí no decorar la iglesia, pero no encuentro otro lugar en el que pueda prescindir de flores. **¿Alguna sugerencia?**

Respuesta

Hay muchas maneras de darle la vuelta. Pídele a tu florista que prepare arreglos similares pero reemplazando algunas de las flores por otras que sean más baratas y fáciles de conseguir. Siempre que quieras cambiar de opinión con relación a las flores que escojas, cualquier florista que se precie de serlo debería ser capaz de hacerlo.

Pregunta

¿Qué hago si no quiero cambiar las flores por otras menos costosas?

Respuesta

Tienes la opción de hacer los centros de mesa para la recepción con tus propias manos, o de conseguir el apoyo de algún amigo o pariente talentoso. Una elegante y cohesionada corona de rosas en un florero plano resulta eficaz; sólo recuerda que esto puede llevar algo de tiempo. Y no escatimes en tu ramo o en algo que sea fundamental y detallado.

El ramo

Debes pensar en el ramo casi al mismo tiempo que en el vestido, y elegir el adecuado será esencial para lograr el efecto general deseado el día de tu boda.

Anouncement **A** ESTAS ALTURAS, ES DE ESPERAR QUE TENGAS UNA IDEA CLARA DEL TIPO DE BODA QUE QUIERES. ¿DESEAS UNA FIESTA ROMÁNTICA INSPIRADA EN ALGUNA ÉPOCA PASADA O EN ALGO MUY MODERNO? TU RAMO DEBE SER UNA VERSIÓN PERFECTAMENTE RESUMIDA DE ESTE TEMA, AL TIEMPO QUE COMPLEMENTE TU APARIENCIA (Y, SI ERES MUY LISTA, TAMBIÉN ACOMPAÑARÁ TU FIGURA).

Para comenzar, necesitas un cómplice adecuado. Es momento de que intervenga el florista: precisas garantizar que estén, digamos, cantando en la misma tonada. Si no sientes que tú y tu florista están muy compenetrados, o que está tratando de imponer su visión en ti en lugar de dejar que tú tengas la última palabra, cambia de florista. Los floristas pueden tener el ideal de recrear la torre Eiffel en claveles pero, a menos que ése también sea tu sueño, diles que no. Un buen florista debe ser capaz de orientar a una novia confundida hacia sus flores de ensueño simplemente haciéndole algunas preguntas pertinentes. Lleva siempre contigo material de referencia (no te preocupes si no es consistente, también puedes hablar de esto) y ábrete a las ideas que te proponga. Después de todo, para eso le pagas. Sin embargo, si tienes alguna duda, pregúntale si es posible llamar al día siguiente; un poco de espacio te permitirá ver si estabas pensando precisamente en esa propuesta, o reflexionar acerca de qué es en realidad lo que

La boda perfecta

deberías tener. Además, es fácil que te dejes llevar en ese momento, así que debes ser cautelosa. Y no olvides preguntar si es posible conservar el ramo que escojas.

Comencemos

No existe ninguna fórmula prestablecida para hacerlo, pero debes comenzar en algún punto, ya sea con el color, la forma, la flor o el tema. Tradicionalmente un ramo de novia se compone de flores blancas, aunque pocas novias se apegan a esa regla. Si no quieres salirte de la norma, una manera de poner color es que el ramo de las damas de honor sea en una versión más pequeña, utilizando la misma flor pero en color. (Si las damas de honor son personas mayores, quizá prefieras elegir un ramillete para la muñeca, o variar los colores.) Si quieres elegir tu ramo según el color, o mediante una combinación de colores complementarios, tu florista debe ser capaz de mostrarte una selección de flores que se encuentren disponibles en esos tonos. Las formas principales las constituyen un arreglo suelto atado a la mano, una cascada de flores (que está completa en la parte superior y cuelga hasta un extremo), un racimo apretado, el clásico ramo redondo (una esfera de flores con tallo corto atadas con un lazo) o un ramillete, o incluso una cesta llena de flores o un ramo de brazo que cae naturalmente desde el codo. Puedes tener en mente una flor que te guste mucho y que quieres que forme parte de tu ramo, o quizá pienses tener una boda con un tema basado en los años 20 del siglo pasado, en cuyo caso es una buena elección utilizar una flor popular de esa época como la cala, llamada alcatraz en algunos lugares de América Latina.

Para reflexionar...

" Siempre hay flores para quienes quieren verlas. "

HENRI MATISSE

Sugerencia

Para ayudarte a florecer

Por lo general, la novia sostiene las flores a la altura de la cintura, y esto debe contemplarse en tu planeación. Si eres de complexión menuda, un abrumador ramo de cascada puede llegar a apabullarte (y pudieras perder el equilibrio). Por lo tanto, elige algo que sea proporcionado a tu tamaño. Del mismo modo, si eres de talla grande, un ramo redondo y pequeño quizá se vea un poco intrascendente, mientras que un ramo en cascada alargará tu silueta. Igual que con el vestido, mantén la mente abierta acerca de la forma que quieres hasta que hayas explorado todas las opciones. El color que elijas, además, debe favorecer el tono de tu piel, especialmente si también piensas llevar las mismas flores en el pelo. Sea cual sea tu elección, debe funcionar con la caída de tu vestido y no tiene que ocultarte; se trata de decoración, no de camuflaje.

Nomeolvides

El olfato es el más evocador de los sentidos y el que más probablemente dispare los recuerdos. Por eso es importante que incluyas alguna flor aromática. Una manera adorable de que las flores sean especiales para ti aun después de ese día, es escoger flores estacionales. Así, los narcisos siempre te recordarán tu boda si ésta fue en primavera (y, con un poco de suerte, le recordarán al novio que se acerca el aniversario). Otra ventaja de elegir flores estacionales es que podrán resistir las condiciones del tiempo. Si tu ramo incluye flores delicadas que pueden marchitarse, confirma que tu arreglo tenga algunas horquillas para mantenerlas frescas; tu ramillete de mano no lucirá fantástico si los bordes de los pétalos comienzan a tornarse marrones. Si quieres usar flores exóticas o que no correspondan a la época del año en que te casas, plantéalo con suficiente anticipación. Y verifica dónde y cuándo las recogerán y las entregarán.

El azahar es la flor original de las novias: por cientos de años ha sido símbolo de la belleza, la personalidad y la fertilidad. Pero hay otras maneras de expresar mediante las flores los sentimientos que tienes por la persona amada. Aprende a utilizar el lenguaje de las flores: alverjilla, placer; azahar de naranjo, pureza; azucena, majestuosidad; brezo, buena suerte; camelia, gratitud; campanilla, esperanza; clavel, fascinación; crisantemo (blanco), verdad; crisantemo (rojo), te amo; flor de almendro, esperanza; flor de azahar, fidelidad en el amor; flor de durazno, declaración de amor; flor de manzano, buena suerte; gardenia, dicha; heliotropo, devoción; hiedra, fidelidad; iris, amor ardiente; jacinto, encanto; jazmín, amabilidad; lila, inocencia juvenil; madreselva, generosidad; magnolia, perseverancia; mimosa, sensibilidad; narciso, respeto; níspero, encanto; orquídea, belleza; rosa, amor y felicidad; violeta de los Alpes, modestia; violeta, fidelidad.

Intenta con otra cosa...

Revisa el consejo de la pág. 48, Para coronar tu belleza, *para saber cómo utilizar las flores de modo que logres un efecto sensacional en tu pelo.*

La boda perfecta

¿Otras dudas...?

Pregunta

Tengo un carácter poco femenino y no me siento cómoda con flores. **¿Son imprescindibles?**

Respuesta

Puedes no saber qué hacer con las manos. Algo tienes que llevar. Piensa en la posibilidad de una única flor de tallo largo o una cartera pequeña que tenga una flor en el broche.

Pregunta

¿Cómo hago para superar el hecho de sentirme como si fuera una chiquilla completamente inhibida?

Respuesta

Busca algo con un poco de actitud y de ingenio. Trata de usar un lazo grueso y terso de terciopelo, una abrazadera de malla o de encaje o un adorno de hierbas para que le dé forma.

¡Sonríe!

**Una cosa es segura, tu gran día pasará tan rápido que parecerá
que duró sólo cuatro minutos en lugar de 24 horas.
Por eso, confiarás mucho en las fotos y en los videos
para que te recuerden que no fue sólo un sueño.**

CUANDO BUSQUES AL FOTÓGRAFO PARA TU BODA, HAZLO EN UN RADIO MUY AMPLIO Y VE TANTAS CARPETAS DE TRABAJO COMO TE LO PERMITA EL TIEMPO. RECUERDA, SÓLO TIENES UNA OPORTUNIDAD PARA CAPTAR LA MAGIA DE ESE DÍA. POR ESO NECESITAS QUE, DEL OTRO LADO DE LA LENTE, SE ENCUENTRE EL OJO ADECUADO.

Existe un rango inmenso de estilos y opciones a considerar, y tomar la decisión correcta implica que seas capaz de reflejar el muy personal ambiente de tu gran día. Sin olvidar lo anterior, estarás advertida de que existen otras personas a tomar en cuenta (quizá prefieras más fotos tipo reportaje, mientras que los miembros de más edad en la familia querrán fotos más tradicionales, de pose, como recordatorios del día).

Dejar algo de tiempo antes de la recepción para garantizar que todo el mundo obtenga la combinación que desea, puede ser una buena idea. (Confirma que ordenas juegos adicionales de estas impresiones para enviarlas; si las colocas en marcos como regalos especiales para los abuelos, verás que apreciarán tu maravilloso detalle.) A veces las novias quieren un retrato para el que posan antes de la boda. Pregunta a tu fotógrafo si es posible realizarlo.

Que no salga del ámbito estricto de los negocios

Ten cuidado de no permitir que te ayuden aficionados ansiosos. Los fotógrafos especializados en bodas entenderán los procedimientos de las bodas, las ceremonias y las recepciones, por lo que podrán anticipar tu próximo movimiento y colocarse en el lugar adecuado y en el instante preciso para captar todos los momentos especiales. Verifica que tu fotógrafo sea alguien con quien te sientas cómoda; si te recuerda a un alto grado militar y la boda de tus sueños tiene más que ver con lo alternativo, aunque con más reputación, entrarán inevitablemente en conflicto. Confirma que se trate de personas felices de engatusar a los miembros alegres de la familia para reunirlos en una foto grupal y mantener el curso de las cosas. Imagínate lo devastada que estarías si el intento de colaboración de tu bondadoso primo saliera mal y no tuvieras ninguna buena foto del gran día.

Revisa su trabajo. Fíjate si el fotógrafo logró captar la excitación y la emoción de la pareja nupcial. No tengas miedo de llevar contigo fotos arrancadas de revistas o fotos que captan un ambiente que

Para reflexionar...

“No nos acordamos de los días, nos acordamos de momentos.”

ESARE PAVESE,
novelista italiano

te gusta. También es razonable que le preguntes acerca de su atuendo: puede pensar que no tienes problema en que lleve ropa deportiva o un traje de día, así que no dudes en comentarlo con él. Además, averigua si va a llevar un asistente y también coméntale sobre la indumentaria.

¡Extras! ¡Extras!

Cuando hayas encontrado a alguien cuyo estilo te guste, aún necesitas aclarar algunas áreas grises. De estas áreas es de donde los fotógrafos menos prestigiosos obtienen sus ganancias. ¿Cuánto cuesta cada impresión adicional? ¿El costo incluye el revelado? ¿Quién se queda con los negativos: el fotógrafo o ustedes? Muchos fotógrafos conservan derechos sobre los negativos, por lo que sólo podrás encargar impresiones extra a través de ellos. De ser así, trata de negociar una cuota para que se los devuelvan después de determinado tiempo. Pregunta cuánto tiempo después de la boda le tomará entregarte las fotos impresas. También deberías preguntarle si hace trabajo de retocado. Un buen fotógrafo debería contar con un seguro de responsabilidad, ofrecerles una devolución de dinero como garantía y poner a disposición de ustedes las referencias, en caso de que así lo requirieran.

En términos de estilo, frecuentemente resulta agradable contar con fotos tipo reportaje de la novia cuando se está preparando antes de la ceremonia, así que piensa si vas a sentirte cómoda o no con un fotógrafo varón que esté captándolos a ti o a tu prometido en ropa interior. Debe quedar claro cuánto tiempo esperas que el fotógrafo esté en la boda y si además quieres que esté presente en la recepción. En caso de exceder el tiempo previsto, verifica cuál sería el costo por hora adicional. Un buen fotógrafo estará preparado para esta eventualidad, y no se irá antes de que ustedes estén felices. Toma la precaución de no contratar a alguien que tenga reservado su tiempo para una segunda boda el mismo día. Constituye una presión adicional para ti e impedirá que el fotógrafo se concentre por completo en tu día.

Sentirse bien

Se supone que debes escoger el acabado de las fotos impresas, el cual generalmente es brillante o mate. Existe una amplia gama de efectos que pueden alterar la manera en que se ven y se sienten las fotos, como agregar un borde blanco o realizar una impresión pequeña en una hoja de papel grande. El fotógrafo también debería poder ofrecerte la opción de llevar tus fotos a color a sepia o blanco y negro, pero recuerda que no tendrán el mismo nivel de contraste como las fotos tomadas directamente con película en blanco y negro. Pídele a tu fotógrafo que, de ser posible, tome las fotos utilizando ambos tipos de película. No olvides confirmar si puedes pedir impresiones adicionales para la familia y los amigos.

Sugerencia

También es común que en las bodas haya alguien que filme videos, y si el tipo de filmación es digital, frecuentemente produce gran cantidad de tomas. Revisa sus rollos de película (el equivalente de la carpeta de trabajos de un fotógrafo) para ver qué es lo que puede hacer.

Intenta con otra cosa...

Las fotografías pueden representar una manera grandiosa de decir "gracias" a tus seres más cercanos y queridos. Revisa el consejo de la pág. 72, Agradecimientos varios.

¿Otras dudas...?

Pregunta

El párroco dice que no se pueden tomar fotografías en la iglesia. **¿Qué podemos hacer al respecto?**

Respuesta

Confirma que entiendes exactamente a qué se refiere. Muchos párrocos se oponen al efecto molesto de los destellos de los flashes fotográficos provocados por fotógrafos aficionados.

Pregunta

¿Puede el párroco prohibir que tomemos fotografías?

Respuesta

Bueno, podrías tomarlas de todos modos, pero molestar al párroco no será una buena idea. Es muy importante que tu fotógrafo comprenda las normas y reglas de la iglesia, antes de planear las fotos de la ceremonia. Algunas iglesias no permiten que se tomen fotografías durante la ceremonia, pero la mayoría las autoriza antes y después.

¡Haz tu entrada triunfal!

**¿Cómo imaginas tu gran entrada?
¿En helicóptero o en un carruaje tirado por caballos?
¿O estás tan enamorada que te basta con echarte a correr hasta la iglesia?
Llega en grande, y a tiempo.**

No IMPORTA QUÉ TAN SEXISTA SUENE ESTO, PERO EL HECHO ES QUE, SI QUIERES QUE EL NOVIO PONGA DE SU PARTE EN LOS PREPARATIVOS, LO MEJOR ES DARLE ALGO PARA HACER QUE DISFRUTE AL ORGANIZARLO, COMO EL TRANSPORTE. POR SUPUESTO, PUDIERA SER QUE LA CABEZA DURA FUERA LA NOVIA, PERO EN CUALQUIER ESTEREOTIPO SIEMPRE HAY ALGO DE VERDAD.

Si quieres que los vehículos de la boda sean una sorpresa, empieza a hablar de los temas. ¿De época o moderno? ¿De cuatro patas o de dos ruedas? Además, hay algunos aspectos prácticos que debes tener en cuenta antes de asumir un compromiso. Un Jaguar convertible podría verse increíblemente elegante y adecuado si la novia utilizara un traje de pantalones color crema fuerte.

Sin embargo, la misma novia, en una inmensa falda y sus enaguas, se vería como una pantalla al revés después de haberse metido por la puerta. Si la novia se siente humillada, intencionalmente o no, no habrá una gran noche de bodas.

Se trata del primer paso del mayor viaje de tu vida, así que dalo correctamente. ¿Quieres algo que te recuerde la época en que te casaste? Un clásico coche deportivo blanco pudiera ser la opción típica, pero, ¿y si te decides por un Mini Cooper azul cielo, por aquello de llevar algo azul?

A lo mejor quieres que toda la familia vaya en un tipo de coche que combine con el resto para lograr un gran éxito. Un simple pensamiento puede hacer la diferencia entre añadir otra parte especial al día y algo sin gracia que mecánicamente te traslade de A a B.

Verifícalo

Asegúrate de ver los coches, ya que un folleto o un sitio en Internet pueden ser engañosos. ¿Están presentables? ¿Los usarán para otra boda ese día? De ser así, ¿limpiarán su interior entre una boda y otra de manera que la novia no aparezca con el confeti de otra en su vestido? ¿Incluyen los moños y las flores? ¿Puedes participar en la elección o elegir algo distinto? Quizá quieras que el tema de las flores abarque todo el vehículo.

Existen otras opciones que no involucran el uso de gasolina, como aquellas que implican el uso de carburantes para aviación. Un pequeño avión o un helicóptero podrían constituir una manera memorable de dejar a tus invitados y hará que los sombreros revoloteen por el aire. Podría ser menos caro de lo que piensas.

Algunos prefieren llegar a su gran día en un transporte de cuatro patas. Sin embargo, si eres tímida deberías reconsiderarlo, ya que no se trata de un transporte precisamente rápido. Y un caballo y su carruaje no son adecuados para recorrer grandes distancias en la ciudad en horas pico. Si no tienes que moverte mucho para llegar al salón, piensa en la posibilidad de montar un caballo sentada de costado mientras tu prometido lo guía, lo que constituiría un gesto muy romántico. Debieran abandonar el recinto todos al mismo tiempo, si el lugar donde se realiza la recepción queda cerca, y dar un paseo con tu comitiva de boda como si se tratara de una gran procesión. Un detalle agradable en este punto sería ofrecer algunas sombrillas bonitas que protejan del sol de verano a tu ser amado y a los invitados (y abuelitas y mamás), o que los allegados lleven algunos paraguas, por si acaso.

Sea lo que sea que decidas hacer, necesitas reservarlo con mucha anticipación, incluso hasta un año antes, particularmente si estás previendo un sábado de verano como fecha para la boda. Si no puedes conseguir el coche que quieres por medio de una agencia de alquiler, acércate a un club de coches clásicos o de coleccionistas. No olvides confirmar y verificar la ruta, recorriéndola varias veces antes y a diversas horas. Todo se tornará en un desastre si das a todos un mapa con la ruta que sacaste de una guía de calles, y que justamente las calles con el recorrido van en un solo sentido: el equivocado. Asegúrate además de que todos sepan dónde es la recepción. No confíes en las caravanas, ya que éstas sólo funcionan cuando nadie más está en la calle. Siempre puedes tener algunas invitaciones adicionales para la recepción a la mano (la tuya o la de alguien a quien se las encargues) para casos de emergencia (alguien que se queda varado por haberlas olvidado). Además, cerciórate de que todos tengan un número de teléfono de taxis en caso de que llueva.

Sugerencia

Probablemente un coche blanco haga que los vestidos de color crema o marfil parezcan sucios en las fotografías, así que compara pedazos de muestras de tela con el color del coche para ver si desentonan. Si no estás segura de lo que buscas, es algo tan sencillo como esto: un blanco o un crema "cálido" tienen un amarillo escondido; un blanco frío tiene un trasfondo "azul". Los dos juntos desentonan. Los tonos diferentes pueden ir juntos siempre y cuando ambos sean "cálidos" o "fríos".

Intenta con otra cosa...

Cerciórate de que tu transporte combine con el tema. Ve el consejo de la pág. 96, Escoger un tema para la decoración.

¿Otras dudas...?

Reservé nuestro coche de bodas, y ahora mi novia dice que tengo que hacerlo con los otros. **¿Cuáles otros?**

Respuesta

En algunos grupos sociales es responsabilidad del novio, aunque frecuentemente el padrino puede ayudarlo, reservar los coches para ambos conjuntos de padres, para la comitiva y, por supuesto, uno para que los lleve al aeropuerto o a su primera noche en el hotel. Además, quizá desees incluir a otros miembros cercanos de la familia, como a los abuelos, en esa ecuación. Generalmente, los coches se necesitan para que todos puedan llegar a la ceremonia y después a la recepción.

Pregunta

¡Caray! Todo eso suena caro. **¿Hay algo que pueda hacer para no incrementar tanto los costos?**

Respuesta

En realidad no necesitas una fortuna. Por lo general es posible alquilar por hora, y si no quieres una fila completa de invaluables coches de época, contrata algunos autos elegantes (procura que no sean de alquiler con identificación exterior). Si en tu localidad los hay, averigua si es posible alquilar un autobús de dos pisos, de los que se utilizan para paseos turísticos. Usa tu imaginación y no sólo tu chequera.

¿Dónde?
Elegir el lugar

El lugar debe ser algo más
que un telón de fondo para las fotos.
Determinará directamente el número de invitados
que tendrás, el tipo de diversión y si podrás
o no bailar el vals completo como tu primera pieza.

PARA LA MAYORÍA DE LA GENTE, UN ASPECTO CLAVE A LA HORA DE DECIDIR EL "DÓNDE" TIENE QUE VER CON SUS LIMITACIONES PRESUPUESTARIAS. AUNQUE ESTO NO SIGNIFICA QUE NO PUEDAS DIVERTIRTE UN POCO AÚN HAY MUCHAS POSIBILIDADES ALREDEDOR DEL TEMA PARA DAR LUGAR AL JUEGO DE LA IMAGINACIÓN.

Piensa en algo más grande que la iglesia local: ¿qué tal una catedral con chapiteles y vitrales, un glamoroso salón de baile de un hotel, un parque público, un tejado, casarte en vacaciones o incluso el jardín trasero de tu casa con cientos de globos esparcidos por ahí? Las posibilidades son infinitas, por eso es importante que no te quedes con la opción obvia sin hacer alguna investigación previa.

Dónde empezar

¿Qué corresponderá con el tipo de ceremonia y de recepción que quieres? El lugar donde realices la boda debe ser un reflejo más de tu tema general. Si se trata de una ceremonia formal, el gran hotel del pueblo puede ser la locación adecuada (además de que debería tener permiso para que ahí se realicen matrimonios civiles), con muchísimo espacio para la ceremonia y los invitados. Cerciórate de que puedes hacerlo con toda libertad —muchos concesionarios del salón querrán imponerte su propio proveedor de servicios. Además, verifica que cuente con suficiente espacio para estacionamiento.

Si planeas llevar a cabo una boda en la iglesia, probablemente tengas que reservarla con dos años de anticipación. Si quieres algo quizás un poco menos habitual, como una ceremonia en la que ambos pronuncien sus propios votos en un castillo en ruinas, prueba primero con una oficina tranquila del registro civil y una segunda ceremonia; así serás libre de escoger todos los estilos que se te ocurran.

Verifica que puedes realizar un simulacro de la ceremonia antes de que llegue el gran día. Debes estar segura de saber qué puerta usará la banda, y que la banda también sabe cuál es, a menos que quieras que todo el mundo se ponga a mover las mesas para permitir que todo el equipo se arrastre en medio de la comida de tu recepción. ¿Los reglamentos contra incendios permiten los cientos de velitas con las que planeaste vestir tus mesas? ¿Existe algún espacio específico donde puedas dar la bienvenida a tus invitados? ¿Te garantizan algún lugar seguro para dejar los regalos de boda, o que pueden guardarse bajo llave y que los padres de ambos los recojan al día siguiente en caso de que ustedes se vayan de luna de miel inmediatamente después de la fiesta?

Con toda la ayuda de tus amigos

La primera pregunta que debes hacer a la persona que prepara tu evento (aunque se trate de tu mamá y del jardín trasero de su casa) es: "¿qué es exactamente lo que puedes hacer por mí?" Si te decides por una celebración más tradicional, debiera haber varios recursos disponibles: la iglesia debe ocuparse de las flores del altar, un hotel debe contar con alguien que se ocupe de estacionar los autos, un salón de banquetes debe contar con un maestro de ceremonias, etc. El punto extra que obtendrás de las siguientes recomendaciones es que esta gente habrá trabajado de manera conjunta antes del evento y ya se habrán familiarizado con la manera en que marchan las cosas. Algo menos para marcar en tu lista.

A veces, los hoteles ofrecen el uso de habitaciones adicionales o incluso un descuento en las reservaciones grupales para la fiesta, así que más vale preguntar. Insiste, no dejes de preguntar cualquier cosa sobre la que tengas dudas. Aunque te cases con un entusiasta aficionado a los deportes y la boda se realice en el campo de futbol del club más cercano, los organizadores deben estar más que contentos de poder acordonar el lugar con banderines o de poner los nombres de ustedes en el tablero del marcador. Además, te darás cuenta muy rápido de que la lista que preparas para la organización se hace cada vez más larga, por lo que conviene que establezcas con claridad las áreas de responsabilidad oportunamente; si el lugar donde celebrarás tu boda mantiene una buena relación con una empresa de autos de alquiler, ¿por qué ocuparte en encontrar otra? El conocimiento local es algo maravilloso.

Sugerencia

¿Ceremonia o recepción al aire libre? Planea incluir en tus tarjetas de invitación una tarjeta que informe a tus invitados de una locación alternativa en caso de mal tiempo. Tal vez sólo implique moverse a un salón dentro del hotel o, si el matrimonio se celebra en el jardín de tu casa, al bar o restaurante local. Sólo asegura que la redacción sea clara —no querrás tener a la mitad de tus invitados en el salón Brazo Real, cuando deberían estar en el salón Lazo Real.

Intenta con otra cosa...

Cuando estés buscando el lugar para la fiesta, piensa en el momento del día en que esperas casarte y llevar a cabo la recepción. Un salón de banquetes estilo medieval puede verse un poco sombrío y perdido a mediodía, pero en la noche cobra vida con puntos acogedores por el parpadeo de la luz de las velas.

¿Otras dudas...?

Pregunta

Iba a la iglesia local cuando yo era pequeña y sería muy especial casarme allí. El problema es que no existe ningún lugar cercano para llevar a cabo la recepción, por ser área rural. **¿Se considera razonable que los invitados deban viajar 40 minutos para llegar al lugar donde se celebre la boda?**

Respuesta

Depende de cómo supones que llegarán allí. Te sentirás mucho menos estresada si contratas un par de autobuses y acompañas a los invitados hasta ellos. Mantén el ambiente festivo adornándolos con cintas, moños y globos.

Pregunta

Pero, **¿cómo harán los invitados para recoger sus autos después?**

Respuesta

Bueno, los que no beben probablemente preferirían conducir ellos mismos hasta el lugar donde será la recepción en cualquiera de los casos. Piensa concienzudamente en las alternativas. ¿Hay algún prado cerca, propiedad de un amigable granjero que estaría deseoso de permitirte poner una carpa? Si está efectivamente muy cerca, incluso podrías pensar en un bonito espectáculo de una buena procesión de boda a la vieja usanza. Sólo recuerda que precisarás generadores eléctricos, a menos que quieras que todo sea realmente campirano y que te ciñas a la luz de las velas (estas últimas no son recomendables en una carpa). Cerciórate, además, de que no haya animales en el sitio.

Para coronar tu belleza

Algunas cosas son cuestión de vida o muerte; otras son importantes, como presentar una cabellera estupenda. Y ésta no se consigue de la noche a la mañana. Encárgate de lucir fabulosa.

PUEDES GASTAR TODO EL DINERO DEL MUNDO EN BUENOS CORTES, PERO SI ENTRE UNO Y OTRO NO LE DAS A TU CABELLO LA ATENCIÓN Y LOS CUIDADOS APROPIADOS, NO OBTENDRÁS LOS RESULTADOS QUE ESPERAS.

Desde el momento en que el anillo de compromiso se desliza por tu dedo, tienes que empezar a pensar seriamente en tu cabellera. Date el tiempo de conocer tu tipo de cabello (si no estás segura pregúntale a tu peluquero) y comienza a usar un champú y un acondicionador apropiados para ti, al igual que un tratamiento semanal.

Ten presente que lograr que tu cabello esté en óptimas condiciones no consiste solamente en gastar un dineral en productos (y vaciártelos encima). Recórtalo regularmente para combatir las puntas floridas (lo ideal sería cada seis semanas; si te descubres jugueteando con ellas mientras hablas por teléfono, quiere decir que las has dejado mucho tiempo) y evita usar demasiados aparatos que emitan calor, así como productos modeladores. Piensa en darle a tu cabello un "día de descanso" cada semana. Puedes esconderlo bajo una linda pañoleta el domingo: después de todo, ¿realmente necesitas tenerlo arreglado mientras lavas el coche o vas al supermercado?

Combatir los rizos de boda

De todas formas, es probable que tengas que ir directamente al salón de belleza, pero si en un arranque de locura te rapaste la cabeza y quieres un cambio de apariencia para tu gran día, debes contar con un plan, y rápido. Los peluqueros siempre dicen que tu estilo de ensueño te hará ver como una extra de la serie *Friends* (famosa serie estadounidense de la TV), y te llevará lograrlo entre seis meses y un año, si debes dejarte el flequillo o hacerte la permanente. Si piensas en un cambio radical, haz los cambios ahora, así tendrás tiempo suficiente para reparar el daño si después te das cuenta de que, en realidad, ésa tampoco eres tú.

Y trata de evitar el extraño fenómeno que representan los rizos de boda: quizá te lleves una desagradable sorpresa al ver cómo aparecen subrepticiamente. Aunque ninguna mujer adulta los utiliza en la vida diaria, si echas un vistazo a cualquier carpeta de bodas de un fotógrafo los verás por todos lados.

Cuando hayas elegido tu vestido, muéstrale una foto al estilista y verifica si considera que el estilo que elegiste es compatible con tu escote. Unas seis semanas antes de la boda, concierta una cita para una sesión de práctica con tu peluquero y lleva la tiara, el tocado, el sombrero o el velo que vayas a utilizar ese día. Si vas a usar un velo, y planeas quitártelo durante la boda, coméntaselo al peluquero ya que tu peinado debe mantenerse intacto y seguir viéndose elegante.

Lávate el cabello una noche antes de la boda, pues el cabello recién lavado es difícil de trabajar, especialmente si pretendes aumentar su volumen. Familiarízate con los productos para estilizar el cabello y no esperes hasta el último momento para probarlos; existen muchos tipos de productos entre los cuales puedes elegir y tu tipo de cabello aceptará mejor algunas marcas que otras. Además, es fácil que sobrecargues tu cabello si usas demasiados productos o que no obtengas el resultado que quieres si eres demasiado tímida. En este caso, la clave está en la práctica.

Y recuerda, hazte todos los tratamientos de color o permanentes varias semanas antes de la boda, para que tengan tiempo de asentarse (nadie quiere oler los líquidos de la permanente tras tu paso hacia el altar).

Tu cabello en la luna de miel

Dependiendo de cuál sea el destino elegido, es poco probable que durante la luna de miel tu cabello luzca como en el día de tu boda. La mayoría de las veces te enfrentarás a una serie de retos completamente nuevos como la exposición al sol, al cloro y a la humedad. Y no tiene sentido que, después de pasar meses poniendo en forma tu cabello antes del gran día, lo abandones tan pronto como digas "acepto". Por supuesto, debes esperar al menos a que pase el primer aniversario para "soltarte el pelo" y dejarte ser. Por ello, asegúrate de empacar los productos apropiados para combatir los daños a tu cabellera.

Sugerencia

Las damas de honor pequeñas o las niñas que llevan las flores a menudo llevan una corona de flores como parte de su peinado que, en ellas, puede verse adorable... si consigues que se las dejen puestas. Si las niñas son muy pequeñas y tienen un cabello sedoso y delgado, manda a hacer una corona que se sostenga al cabello con horquillas y pasadores. Aquí es donde aparece tu dama de honor: pídele que lleve un equipo para control de daños, incluyendo fijador y pasadores de repuesto para todas, con el fin de protegerte de los contratiempos y las condiciones ambientales.

Intenta con otra cosa...

El peinado de tus damas de honor debe reflejar el tema general de tu boda. Planea una noche para consentirse juntas y hablar de las ideas con las que cada una se sentiría cómoda. Echa un vistazo al consejo de la pág. 24, Damas de honor.

¿Otras dudas...?

Pregunta

Estoy muy angustiada, el cabello se me está cayendo y se está poniendo opaco y espantoso. Y eso que me lo he estado cuidando mucho, ¡pero nunca se había visto peor! **¿Qué está pasando?**

Respuesta

Probablemente sea el estrés. Tómate un día libre, haz algo que no tenga ninguna relación con la boda y aplícate un tratamiento acondicionador y fortalecedor. Quizá también necesites una buena dosis de vitamina B para ayudarte a combatir el estrés.

Pregunta

¿Pero qué pasa con la caída? Mi cabello se siente muy delgado.

Respuesta

No entres en pánico, lo podemos arreglar. Cuando lo acondiciones, usa una cantidad mínima de acondicionador, así no le pondrás demasiado peso. Lávatelo la noche anterior y, el gran día, usa un acrosol que le dé volumen. Si realmente es muy delgado, considera la posibilidad de recogerte el pelo, y no tengas miedo de batirlo un poco para darle cuerpo y resistencia. Sólo recuerda que debes dejarlo un poco de lado porque de lo contrario te verás algo asustada.

Para lucir radiante

**Aunque pienses que eres una de esas chicas "naturales",
pasar ese día con lo mínimo indispensable probablemente
requiera de muchísima planeación anticipada.
La buena noticia es que tendrás una razón legítima para mimarte.**

SIEMPRE RESULTA UNA BUENA IDEA TRATARTE DE TÚ CON TU TERAPEUTA DE BELLEZA. ELLA PUEDE AYUDARTE A ENTENDER ALGUNAS COSAS SOBRE TU CUERPO Y SUS CICLOS. ¿HAY ALGO EN PARTICULAR QUE TE CAUSA PROBLEMAS?

El mejor consejo para tener una piel fabulosa no podría ser más sencillo. Todo el mundo tiene que tomar más agua —no es difícil acostumbrarse y además ayuda a modelar tu cutis. El hecho de que des un buen cuidado básico a tu piel es una obligación, por lo tanto, límpiala, tonifícala y huméctala en las mañanas y en las noches. Utiliza productos diseñados para tu tipo de piel (la mayoría de los mostradores de productos de belleza ofrece un análisis gratuito de tu tipo de piel, así que mejor consúltalos si te sientes insegura). Los exfoliantes faciales ayudarán a que tu piel se vuelva más radiante, así que utiliza alguno de ellos por lo menos una vez por semana.

Para problemas serios, o casos que no responden a estas rutinas, visita a tu médico y pídele que te recomiende un dermatólogo. También es momento de resolver todos los problemas dentales que necesiten atención, ya que el plan de tratamiento puede ser bastante largo.

Una vez al mes, aplícate un tratamiento facial y planea muy bien los tiempos para que, cuando se acerque el gran día, no aparezca ninguna erupción causada por la renovación de la piel. También te ayudará mucho calmar tus nervios y buscar un poco de tiempo personal, vital, que te ayude a mantener el equilibrio. Además, es importante que gastes algo de dinero en productos de belleza, como un nuevo maquillaje, nuevas fragancias y una lujosa crema para el cuerpo. Te harán sentir tan especial y perfecta como si fueras una princesa.

Para reflexionar...

❝ La belleza está en el corazón de quien la posee. ❞

AL BERNSTEIN

Ponte una cara feliz

Ésta es la oportunidad perfecta para darle a tu aspecto un verdadero cambio. Muchas mujeres se apegan a los hábitos que se forjaron desde la adolescencia, y éstos pudieron haber funcionado bien durante un tiempo, pero la textura de nuestra piel, la forma de nuestra cara y la tonalidad de la piel cambian a lo largo de nuestras vidas y, por lo tanto, también los colores y los peinados que nos quedan mejor dejan de ser los mismos.

Debes empezar a pensar en esto varias semanas, y de preferencia meses, antes de tu boda. Tienes que acostumbrarte a tu nueva imagen y los demás también deberán hacerlo. Después de todo, no querrás parecer una extraña cuando camines hacia el altar. Permite que los profesionales se encarguen de esto, si te sientes algo insegura. Siempre es posible tomar una clase de maquillaje o dirigirte, una vez más, al mostrador de belleza de la tienda departamental de tu preferencia. Cerciórate de que sepan que estás buscando una apariencia nupcial y que no estás planeando interpretar la danza de la lluvia. Si tú misma vas a encargarte del maquillaje ese gran día, es mejor elegir colores neutros y asegurarte de que se trata de algo que podrás reproducir sin problemas. Si tus damas de honor son las que te van a maquillar, llévalas a la tienda contigo.

Incluso si por lo general no te maquillas, quizás valga la pena que lo tomes en cuenta para el día de tu boda. El flash de las cámaras en ocasiones resulta poco favorecedor, pues blanquea el color de tu piel, incluso un toque de base para maquillaje puede darle un buen efecto a tu cutis.

Haz un ensayo final de tu maquillaje, de principio a fin, de manera que puedas calcular exactamente cuánto tiempo necesitarás para maquillarte el día de tu boda, y no te depiles las cejas el día anterior, para que no te lleves la desagradable sorpresa de tener una marca roja entre las cejas.

Si te haces un facial durante la semana previa a la boda, no intentes nada nuevo ya que podría generarse una reacción alérgica. El gran día, apégate a la rutina practicada y no te salgas de ella; podrías crear un monstruo que no sabrías cómo reparar. Confirma que alguien cercano a ti, física y emocionalmente, lleve algunos productos de belleza y los tenga a la mano para ayudarte cuando los necesites para verte fabulosa.

Sugerencia

Pon tus manos en forma. Ellas no sólo serán tocadas y besadas, sino que los invitados también admirarán tu nuevo diamante. La última cosa que necesitas es tratar de lucir tu anillo en las garras de una vieja bruja. Asegúrate de tener un tratamiento de crema para uñas y manos cerca de tu cama para mantenerlas en óptimas condiciones. Y no olvides arreglarte los pies.

Intenta con otra cosa...

Podrías aprovechar el tiempo de tu tratamiento para involucrar a tu familia política o a tus parientes que no tienen asignada ninguna función específica en tu boda, y pedirles que te acompañen. O revisa el consejo de la pág. 72, Agradecimientos varios, para sugerencias acerca de cómo hacerlos sentir especiales.

¿Otras dudas...?

Soy una persona cuyas emociones se escriben literalmente en la cara. Y sé que estaré llorando como un bebé en varios momentos. **¿Qué puedo hacer?**

Respuesta

Necesitas utilizar una máscara para pestañas a prueba de agua y llevar algunos algodones con crema para desmaquillar en la bolsa de tu dama de honor, por si acaso, para cuando se abra la compuerta de tus lagrimales y ni siquiera los productos a prueba de agua puedan controlar los daños.

Pregunta

Se pone peor: mi cuello se llena de manchas rojas brillantes. **¿Qué puedo hacer al respecto?**

Respuesta

Puedes disimularlas con un tinte cuyo matiz sea verde de alguna marca de maquillaje reconocida, pero tal vez deberás recurrir a algo que te las cubra de manera contundente. Trata con maquillaje del que se usa en cine o en teatro, o algún maquillaje diseñado específicamente para tapar las cicatrices que tiene un pigmento especial verde que neutraliza el rojo. Cerciórate de cepillarte con un polvo ligero para garantizar que se fije después.

El cuerpo hermoso

Hay algunas mujeres que aman su cuerpo con una convicción incólume. Luego estamos quienes somos realistas. Éste es el momento en que la mayoría de las mujeres finalmente toma con seriedad aquello de estar en forma.

No cifres todas tus esperanzas en un viso de seda diseñado para una esbelta sílfide si eres una clásica mujer cuyas caderas resaltan más que el resto. En lugar de eso, elige un vestido de novia que resalte tus potencialidades y después haz algo al respecto. Hay infinidad de desastrosas historias de novias que encargan su vestido en una talla mucho menor sólo para tener que enfrentarse a llegar al altar como si fueran un pavo amarrado y metido en una bolsa. Así que, sé realista.

Peso completo

Una figura más llenita que sea firme y que después se vea bien es, por mucho, preferible a una bolsa de huesos pasada por una estricta dieta (lo que además puede contribuir a que la apariencia de tu piel sea gris y que tus fuentes energéticas bajen hasta niveles insospechados). Para perder peso requieres un régimen de ejercicios y una

TRATA DE SER REALISTA. ¿CON CUÁNTO TIEMPO CUENTAS? ¿QUÉ ES LO QUE PUEDES LOGRAR EN ESE TIEMPO? EN REALIDAD, CON UNA BUENA COMBINACIÓN DE DIETA Y EJERCICIO, BASTANTE.

buena dieta, así que planéalos de manera adecuada. No te plantees metas olímpicas irreales con regímenes de ejercicios si trabajas muchas horas, porque el hecho de no alcanzarlas te desmoralizará y te desmotivará. Además, tienes que conocer los puntos débiles de tu dieta: vacía tu casa de todo lo que te hace daño en lugar de pasar toda la noche tratando de resistir al canto de las sirenas de ese chocolate que está en tu armario, y no pretendas hacer una dieta que insista en el consumo de algas frescas para el almuerzo si trabajas atrapada en el centro de la ciudad.

La clave del éxito siempre está en ser práctica.

No sólo trates de despojarte de esos kilos de más mediante la dieta. Si lo haces, te perderás todas las demás ventajas de hacer ejercicio; concretamente, el hecho de que te ayuda a liberar el estrés y te garantiza una buena noche de sueño cuando más la necesitas.

Vestirte cuando estás delgada

¿Cómo es tu vestido? Pide en tu gimnasio un programa adecuado para ti pero que tenga presente la forma del vestido. Quizá vayas a utilizar un vestido sin breteles y quisieras mostrar tus finos y bronceados hombros y brazos. Un vestido en forma de "A" se ve mejor si tus caderas son estilizadas, así que conviértelas en tu área objetivo.

Si el problema es la motivación, pega una foto de tu vestido en el refrigerador y procúrate un cómplice de dieta, quizás una de las damas de honor que también quiera ponerse en forma para el gran día. Puedes pedirle a todo el mundo que te alejen de la repisa con las galletas de chocolate y forzarlos a ir al gimnasio —quizá tengas que hacerlo a punta de pistola.

Si no tienes problemas de dinero, entonces considera pagarle a una madura entrenadora de gimnasio. Una entrenadora personal garantizará que te enfrentes a las máquinas de ejercicio sin importar cómo esté el clima o que pasen la repetición de tu programa favorito. Frecuentemente cobran por hora, así que si puedes conseguir un par de personas más que se unan a las sesiones, te saldrá un poco más barato.

Sentirse bien

También querrás que tu cuerpo se sienta terso y suave al tacto. Guarda una botella de exfoliante corporal en la ducha, de manera que su uso se convierta en parte de tu rutina diaria. Comienza con tus pies y recorre todo tu cuerpo con pequeños movimientos circulares, siempre dirigidos hacia el corazón, y después embadúrnate la crema para el cuerpo. Los masajes también son adecuados para mejorar la circulación y expulsar las toxinas del cuerpo, además, como resultado mejorarán la apariencia y la sensación de tu piel. Convierte el masaje en uno de aromaterapia para obtener los beneficios adicionales de calmar y relajar tu ligeramente tensa alma.

Días antes de la boda, solicita en la estética o spa un turno para ti, tu dama de honor principal o tu mamá, para que se ocupen de la depilación y del bronceado. Los bronceados artificiales funcionan todos de manera distinta en los diferentes tipos de piel, así que prueba con algunos antes de decidir cuál se ve más natural en ti. Además, debes encontrar los detalles: algunos funcionan mejor si se aplican sobre la piel humectada, u otros se "corren" y originan manchas si se aplican encima de la crema corporal. Es aconsejable que los pruebes unos días antes de la boda, ya que el bronceado dura poco y te da la posibilidad de considerar un margen de error.

Sugerencia

Al elegir el perfume que usarás en la boda, verifica si puedes conseguir crema para el cuerpo y aceite para el baño que hagan juego; no querrás cinco fragancias distintas enfrentándose a la hora de inclinarte para besar a tu nuevo esposo.

Intenta con otra cosa...

Haz que el régimen corporal se adapte a tu nueva disciplina de belleza. Echa un vistazo al consejo de la pág. 52, Para lucir radiante, donde encontrarás algunas sugerencias.

¿Otras? dudas...

Muy pronto me voy a casar y no tengo tiempo para quitarme los tres o cuatro kilos que quiero bajar. **¿Alguna solución rápida?** Va a ser en un mes...

Respuesta

Una dieta baja en carbohidratos y alta en proteínas puede ayudar, pero debes asociarla al ejercicio. Camina media hora antes de ir a trabajar (bájate en alguna parada de autobús un poco más lejana), trata de usar siempre las escaleras (aunque se trate de subir diez pisos) y utiliza tu hora de comida en dar una caminata rápida alrededor del parque.

Pregunta

Escuché que dejar de beber puede ayudar a perder peso. **¿Es cierto?**

Respuesta

En el alcohol existe una cantidad aterradora de calorías, así que por ahora pospón su consumo. No obstante, también debes ir al gimnasio en busca de un programa adecuado para ti y, si todo lo demás falla, vete por un ligero bronceado artificial (todo el mundo se ve mejor con un poco de resplandor). Para ser honestos, un gesto sonriente hará mucho más que una dieta para que te veas como una novia radiante. Eso es lo que todo el mundo esperará ver cuando camines rumbo al altar.

Novios acicalándose

Las bodas pueden hacer que los hombres hagan las cosas más graciosas, como vestirse con frac y chistera y usar crema humectante. Es la oportunidad para hacer mejoras en el estilo de vida.

EL MATRIMONIO PROPICIA, EN MUCHOS CASOS, UN TIEMPO DE EVALUACIÓN. ES UNA BUENA OPORTUNIDAD PARA PENSAR EN EL PASADO Y EN EL FUTURO, Y EN QUÉ LUGAR TE ENCUENTRAS ACTUALMENTE. Y ADEMÁS, PREGÚNTATE HACIA DÓNDE VA TU TALLE.

La mayoría de nosotros trabaja mejor con miras a un plazo determinado, así que si siempre has pensado que te gustaría recuperar tu esbelta figura juvenil, o probar un corte de pelo distinto, ¿por qué no considerar que ésta es una oportunidad inmejorable para hacerlo?

Además, te brinda la ocasión de introducirte en algunas de las grandes cosas de las mujeres. Masajes, manicuras y cualquier posibilidad de mimarse no es nada de lo que tengas que avergonzarte si lo estás haciendo para que tu amada te vea como el mejor el día de la boda. Y, la verdad, se siente genial.

Digno de un rey

Probablemente tengas que pasar un poco más de tiempo levantando pesas que tarros de cerveza. Seguramente ya sabes a qué responde mejor tu cuerpo, pero una regla general es disminuir el consumo de alcohol y de comida procesada, así como elevar la cuota de ejercicios.

La mayoría de los hombres acumula grasa alrededor de la cintura, así que si quieres que los invitados murmuren sobre cómo te convertiste en el centro de las miradas, en lugar de especular quién pudiera ser el padre de tu embarazo de cerveza, entonces no queda otra opción. En lo fundamental, hacer un poco de ejercicio no significa que después puedas comer lo que se te pegue la gana —si no, no perderás absolutamente nada (excepto las ganas de vivir). Ve a tu gimnasio y pide una sesión con un entrenador que pueda crear un programa adaptado a tu situación, que incluya un régimen alimenticio sensato.

Por favor, no te rías

¿Acaso los chiquillos se escapan a los gritos cuando pasan a tu lado en la calle porque les hiciste una mueca burlona? Tal vez sea hora de ir al dentista y echarle un vistazo a tus dientes. Para un trabajo más serio, necesitarás comenzar un plan odontológico que puede llevar al menos un año. El blanqueado dental no se logra de la noche a la mañana, ya que los dientes se decoloran a medida que acumulas edad. De todos modos, no exageres, ya que acabarás luciendo como el novio de Barbie® en grande. Además, la gente podrá verte en la oscuridad.

Por un pelito y otras revisiones finales

Si jamás pensaste en visitar a un barbero tradicional, éste es el momento. Una buena afeitada hecha por un profesional, con toallas húmedas y calientes que te abran los poros y una navaja muy afilada empuñada por alguien que entiende perfectamente por dónde va el pelo, constituyen una excelente manera de relajarse y sentirse especial. Averigua si puedes reservar un turno con un buen peluquero para la mañana de la boda. Algunos de los hoteles más prestigiosos cuentan con buenos peluqueros así que, investiga.

Por otra parte, el día de la boda deberás realizar algunas revisiones básicas. Verifica que tienes un cepillo para retirar cualquier pelusa que pu-

diera haber en tu traje. Tus zapatos deben brillar como nunca antes. La noche anterior al día de la boda, confirma que tu ropa interior y tus calcetines nuevos estén junto al traje y la camisa. Incluso debes preparar tus gemelos de manera tal que no te veas buscándolos a gatas ya engalanado mientras vacías todos tus cajones. Tus manos deben estar limpias, así como tus uñas, las cuales además deben estar cortas porque ambas (manos y uñas) jugarán un papel clave durante el día. Considera la posibilidad de ir a la manicura antes del gran día para que tengas algo menos de qué preocuparte.

Si te vas a cortar el pelo, no lo hagas el día antes de la boda ya que se verá recién cortado, y no intentes hacer ningún corte demasiado extremo por si llegara a no gustarte (24 horas no son suficientes para que vuelva a crecer).

Sugerencia

¿Te sientes inseguro ante tu incursión al mundo del acicalamiento? Pide apoyo a alguno de tus mejores amigos o a tu padrino como si fuera el copiloto con quien probarás estas ideas. También implica que no podrán utilizarlo en tu contra el día de la despedida de soltero.

Intenta con otra cosa...

Cerciórate de haber elegido el traje que resalte tus potencialidades. Revisa el consejo de la pág. 108, Elegir el traje de chaqué, para obtener algunos consejos sobre cómo escogerlo.

¿Otras dudas...?

Siempre me veo desastroso en las fotos, como si me hubieran desenterrado. Yo sé que eso le molesta a mi novia pero finge que no, aunque me di cuenta de que las fotos mías que tiene en su casa están impresas en blanco y negro, aunque hayan sido tomadas con película a color. **¿Hay algo que pueda hacer al respecto?**

Respuesta

Quizás estés demasiado susceptible. Recuerda que el fotógrafo profesional que contrataron para la boda tendrá el equipo y la habilidad de generar fotos de gran calidad. Sería una buena idea que hablaras con él para plantear el problema y aprender algunos trucos del negocio.

Pregunta

¿Qué puedo hacer para aumentar las posibilidades de que las fotos de los invitados salgan mejor? Cuando las vean en retrospectiva podrían pensar que estuvieron en la boda de un zombi.

Respuesta

De acuerdo, tienes la desafortunada palidez de un cadáver. En ese caso, necesitas pensar en un bronceado artificial, ya sea de una cama solar o de una botella. Y no, no tiene por qué ser humillante. Actualmente puedes conseguir preparados para bronceado que no requieren que los aplique una terapeuta en belleza o una cosmetóloga, ya que se presentan en aerosol y son muy precisos. Si esta idea implica que aún sientas que es demasiado para ti, trata de comprar uno en la farmacia y aplicártelo en casa. Si tu piel es extraordinariamente pálida, trata de mezclar el bronceador con un poco de crema humectante de manera tal que el resultado que obtengas sea más sutil. Y pruébalo antes del día de la boda para que no tengas que aparecer ese día como si fueras a actuar en una pantomima.

Dame, dame, dame

Casarse tiene algunas grandes ventajas
(además del compromiso de por vida con tu alma gemela, por supuesto).
Una de ellas es la lista de regalos.

¿YA TIENES DOS DE CADA OBJETO ¿O ACASO QUIERES ELEVAR LA CATEGORÍA DE TUS PERTENENCIAS MEDIANTE ALGUNAS MÁS CARAS PERO NO QUIERES PREGUNTAR POR ESA CRISTALERÍA ITALIANA? HAZ QUE TU LISTA DE REGALOS FUNCIONE.

Tradicionalmente los invitados le dan a los novios regalos que les ayuden a armar su casa. Sin embargo, dependiendo de tu edad, de si ya tienes montada una casa o de si se trata de tu segundo matrimonio, tus necesidades probablemente sean distintas.

Si van a vivir juntos por primera vez, entonces necesitan cubrir todos los aspectos básicos, desde las cucharas de madera hasta la ropa blanca. En vez de ser interesadas, las listas de regalos son una buena manera de garantizar que no acabes con siete tostadoras de pan y ningún cubierto. La forma de asegurar que tu lista sea incluyente es cerciorarte que anotaste todo, desde un reloj de arena hasta un reproductor de DVD. Verifica que sabes exactamente quién te dio cada cosa: así será más fácil agradecerles. Es importante que puedas decirle a tu tía Anastasia cuando se asome por tu casa que cada mañana usan la tetera que les regaló (a menos que les haya dado un columpio de jardín).

Es posible obtener cosas para la casa y aún ser un poco atrevidos. Resulta un hecho que muchas parejas ya tienen las cosas que necesitan, por lo que la mayoría de la gente está preparada para comprar algo distinto. Puedes solicitar alguna contribución para comprar una obra de arte o mobiliario. Incluso considera la posibilidad de un viaje en globo aerostático, vacaciones y hasta la luna de miel.

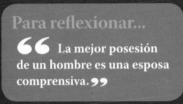

Pero antes de empezar a visualizarte poniéndote en tu traje de buzo, pregúntate si efectivamente tienes todo lo que necesitas. Después de todo, ¿acaso no podrían esas inmensas y suaves toallas reemplazar aquellas toallitas? ¿Y qué tal un juego completo de porcelana que realmente combine? Es la oportunidad para elegir aquellas cosas en las que normalmente nunca hubieras gastado un centavo (como un auténtico servicio para cena, que puede costar mucho dinero) y que disfrutarás los próximos años. Y tus propios hijos se emocionarán más cuando les presentes una preciada reliquia familiar que un álbum de fotos de tu viaje para bucear en el Caribe.

Hagan la lista juntos, y vayan a las tiendas departamentales para que ambos elijan cosas de manera conjunta. Ésta debe ser una de las tareas divertidas, relativamente tranquilas, que forman parte de la planeación de la boda. Y traten de concederle al otro que escoja un par de cosas sólo por gratificación. Visiten algún otro departamento de la tienda, si realmente tienen todos los utensilios, ollas y sartenes que necesitan de aquí a la eternidad. ¿Qué tal un juego de backgammon en estuche de cuero, o unas raquetas de tenis? (Después podrán decirles a sus invitados que les compraron su paquete de seis.) Una gran inversión, y un enfoque ligeramente más elegante que pedir que les den dinero contante y sonante, es solicitar donativos para completar una bodega de buen vino. Los invitados pueden telefonear y comprar vinos en múltiplos de botellas. Si no se sienten cómodos pidiendo cosas específicas, podrían considerar la utilización de una de las listas de boda que permita que canjeen sus regalos por vales. (Sin embargo, quizá después se enfrenten a la decepción de alguien que hubiera preferido ver los regalos como parte de su hogar conyugal.)

Al elegir una lista, deberás tener en cuenta otros detalles, tales como la fecha y la forma en que el negocio puede entregar los regalos y si es posible cambiar las cosas que no quieran (o que se hayan duplicado). Confirma que la entrega sea después de la luna de miel, de modo que la casa no se llene de regalos que no reciban atención alguna. Diversas tiendas prefieren entregar los regalos de la lista antes de la boda, pero verifica que se enmarque dentro del tiempo que tienes disponible.

Pide con soltura

La forma más fácil de hacerles saber a tus invitados que tienes una lista de regalos es incluir una tarjetita señalándolo en la invitación. Debes dejar claro que la gente tiene la opción de realizar sus propias elecciones de regalos. Puede parecer un poco interesado, pero resulta mucho menos incómodo que llamar a tus amigos y solicitarles algo de la lista —además de que actualmente es una práctica común.

Dar las gracias

Escribir tarjetas de agradecimiento puede parecer anticuado, pero es imprescindible si quieres que la gente se sienta especial y apreciada. A lo mejor deseas algún diseño impreso que refleje el tema y el estilo de la demás papelería de la boda.

Sugerencia

Encarga una pieza especial del mobiliario a un artesano local. Podría ser una cómoda, así tus invitados podrían regalarles el lecho conyugal.

Intenta con otra cosa...

Si quieres que tus invitados viajen al extranjero para asistir a tu boda, diles que ése será su regalo.

¿Otras dudas...?

Pregunta

Mi tía quiere comprarnos una antigüedad para la boda, ya que considera que conservará su valor. Pero nuestro estilo es minimalista y, a decir verdad, no le va a nuestro departamento. **¿Hay alguna manera diplomática de hacerla desistir?**

Respuesta

No me parece correcto devolver un regalo, dado que el que lo da debería sentir tanto placer como el que lo recibe. Para algunas personas elegir algo de una lista no representa una expresión de su estilo. Trata de involucrarte en la compra: pídele una pintura o un alhajero —algo que sea de tamaño manejable y que puedas sacar cuando se aparezca por tu casa.

Pregunta

¿Qué tan rígidos deberíamos ser con las cosas especificadas en la lista?

Respuesta

Depende de qué tanto respetes el gusto de tus amigos y familiares. Si hay ciertas cosas y estilos que tú quieres, explícalo detalladamente en la lista. Habrá a quienes les encante el reto de la compra, por lo que sería sutil que incluyeras otras sugerencias de regalos que les dé la opción de comprar algo que ellos piensen que te va a gustar.

Bebe y alégrate

**Es una tradición antigua que los invitados levanten sus copas
con algo fuerte para brindar por la feliz pareja
—en otros tiempos solían ser varios días.
Consume la cantidad apropiada y la fiesta fluirá.**

SI TIENES UNA COMIDA CON TUS INVITADOS SENTADOS, DEBES OFRECER VINO, AGUA Y REFRESCOS. TAMBIÉN ES COMÚN OFRECER CHAMPAÑA AL MOMENTO DEL BRINDIS Y, CON ALGUNA FRECUENCIA, A MEDIDA QUE LOS INVITADOS LLEGAN Y ESTÁN DANDO VUELTAS EN ESPERA DE "INSTRUCCIONES".

Al planear la orden de vino, en principio debes considerar que de cada botella puedes servir seis copas estándar de 125 ml. Algunos beberán más de una botella, otros menos (quizá los niños menores de cinco años), por eso, al hacer tus cálculos considera una botella por persona. Quienes vayan a conducir, los abstemios y los niños, deben poder contar con refrescos y agua mineral. Si quieres verte especialmente fantástica, piensa en un coctel sin alcohol para los no bebedores. Y si lo conviertes en una sabrosa opción, incitarás a que otros invitados controlen su forma de beber —a nadie le interesa ver a tu abuela empezar a bailar por su cuenta después de una o dos copas de más, sobre todo si no hay música.

Para no dejar de brindar

La escasez de vinos y licores no será problema en tu recepción de bodas si

consigues el proveedor adecuado. Muchos de ellos han creado paquetes que se ajustan a todos los presupuestos y, al mismo tiempo, contribuyen a que tus invitados se sientan grandes expertos en bebidas.

Los servicios de vinos y licores más convenientes son aquellos que incluyen la cristalería, el hielo, los refrescos... y al cantinero. Algunos ofrecen el infaltable servicio de barra libre nacional e internacional por un tiempo determinado (que deberás acordar con ellos previamente). Así tendrás la certeza de que durante el festejo nadie tendrá su copa vacía, a un costo por persona que te sorprenderá: podrías gastar más en invitar a alguien un trago en un bar.

Es recomendable, al hacer tu selección, tomar en cuenta coctelería de bienvenida y vinos de mesa, además de las bebidas tradicionales que el proveedor incluya.

Un viaje hasta empinar el codo

Una parte divertida de los preparativos de la boda es un traguito rápido antes de servir los vinos. Puede implicar que ahorres una buena cantidad de dinero, a pesar de que debes garantizar que, antes de hacer las cuentas y gastar tus ahorros en zapatos, el descorche esté incluido en los costos si la recepción se lleva a cabo en un salón de eventos.

En realidad, puede oscilar entre centavos y algunos billetes. No temas solicitar algo especial, y si la fiesta se lleva a cabo en casa de tus padres, niégate rotundamente a pagar por el descorche. Si contrataste a una empresa organizadora de eventos, verifica si cobran sobreprecio por el descorche. Y recuerda que se necesita una licencia para vender alcohol en la mayoría de los salones que contrates. Así que deberás proporcionar todas las bebidas o solicitar un permiso especial. Si no estás muy segura acerca de cómo funciona, ponte en contacto con las autoridades sanitarias locales.

Si utilizas los servicios de una vinatería o viñedo local, pregúntales si hacen descuentos por órdenes cuantiosas y si aceptan la devolución de las botellas que no se hayan abierto. Hazles saber que te vas a casar y pregúntales qué pueden hacer; si prestan las copas, si el hielo es gratis o si te recomiendan un buen maestro de ceremonias.

Contratar la cristalería

La presentación es fundamental, así que tal vez quieras alquilar la cristalería en algún servicio de banquetes; de esta manera todo se verá nítido. Verifica si existe un cargo extra por devolver las copas sucias; en general no lo hay, lo cual simplifica enormemente la vida. Organiza un turno de gente que sirva en el bar si no forma parte de los deberes de la empresa que te proporcione la comida. A la mayoría de las personas que invites les encantará ayudarte por algún tiempo.

Sugerencia

Averigua la posibilidad de que se sirva a los invitados un coctel en honor de la nueva pareja de casados cuando llegan a la recepción. Si tienes un tema de color, ¿por qué no pedirle a algún gran mezclador de cocteles de un buen bar u hotel que cree uno para ustedes?

Intenta con otra cosa...

Tan pronto como empieces a pensar en el alcohol, debes pensar en el menú. Revisa el consejo de la pág. 76, Comida de amor, *para que puedas planearlo de manera conjunta.*

¿Otras dudas...?

Pregunta

Estoy un poco confundido sobre qué vino escoger. No me gusta el vino tinto, pero tendremos como plato principal filete de carnes rojas. **¿Podemos ignorar las normas?**

Respuesta

En primer lugar, a menos que tú solo tomes todo el vino, es perfectamente aceptable que tengas de los dos, particularmente porque de seguro en la fiesta habrá otros amantes del vino blanco a quienes no les guste el vino tinto. Aunque el color del vino no debe ser el elemento imprescindible; en realidad, ese elemento lo constituyen el cuerpo y el sabor.

Pregunta

Pero si puedo tener vino blanco con carnes rojas, **¿qué debería buscar?**

Respuesta

Al escoger los vinos para la boda, busca los que le gusten a la multitud: algo digno de confianza y bebible, algo que no le deje a nadie una resaca horrible y que se trate de una marca reconocida con la que todos los invitados se sientan cómodos. No gastes demasiado dinero ya que nadie lo apreciará. La gente busca algo agradable que beber, como un vino de calidad del hemisferio Sur (puede ser del Cono Sur o de Australia). Busca algo que se adapte a todos los gustos, como un buen Cabernet Sauvignon o un Chardonnay.

Agradecimientos varios

Es cierto, pese a que sientas que debiera ser exclusivamente tu día,
no puede transitar en un solo sentido.
Debes demostrar algunos gestos de gratitud y aprecio a tus
seres más cercanos por el apoyo que te dieron.

T AL VEZ SIENTAS QUE HAS DICHO GRACIAS MIL VECES DURANTE EL DÍA, SIN EMBARGO, TODA PAREJA ELEGANTE ENVIARÁ UNA NOTA DE AGRADECIMIENTO POR CADA REGALO Y MENSAJE RECIBIDO.

Ponlo por escrito

Ordenar tus notas de agradecimiento junto con los demás artículos de papelería (como los sobres) es algo sensato. Está bien mandar a imprimir el "gracias" en todas tus tarjetas, así como cualquier otro motivo que hayas incluido en la papelería

❝ Sólo las pasiones, las grandes pasiones, pueden elevar el alma hacia las cosas grandiosas. ❞

DENIS DIDEROT,
filósofo francés

de la boda, pero tú debes escribir un mensaje personal de tu puño y letra. Es preciso que redactes todos con ligeras diferencias: habrá invitados que no podrán llegar y que necesitarán que les digas que los extrañaste; tendrás que agradecer a aquellos que te regalaron dinero o certificados de regalo que requerirán que les cuentes en qué utilizarán sus donativos y también habrá quienes te dieron obsequios específicos, a quienes deberás agradecer por su nombre.

Por lo regular, las notas de agradecimiento se envían durante las dos semanas posteriores a la boda para agradecer los regalos que llegan antes de la misma. Aunque sientas que hay muchas otras cosas que debes tomar en cuenta, enviarlas te ahorrará tiempo y esparcirá buena voluntad a largo plazo. Los regalos recibidos después o durante la ceremonia tienen un periodo de gracia mayor que contempla la luna de miel y que la pareja se establezca, pero aun así necesitarás enviar las notas de agradecimiento dentro de los dos meses posteriores al día de tu boda.

Cuando redactes la tarjeta, dirígete a la persona que te dio el regalo por su nombre y menciona el regalo que recibiste. Dile por qué te gusta y de qué manera te será útil. No seas demasiado acartonada incluso aunque hayas tenido una boda verdaderamente formal. Sé platicadora y cálida y, si puedes, incluye un recuerdo personal de esa persona durante ese día o una fotografía suya en la boda. Trata de dividir la tarea: sírvete una copa de vino un viernes por la noche e intenta trabajar con todas las tarjetas a la vez. Además, no escribas automáticamente "nosotros", ya que añade formalidad al asunto; en todo caso es posible que cada uno escriba la mitad de la nota. Otra propuesta sería intentar escribir algunas cartas cada tarde en tanto mantengas tu entusiasmo fresco y vivaz. Asegúrate de no tener resentimientos mientras escribas las cartas, ya que se notará en el tono y sentimiento que les des.

Agradecimientos especiales para personas especiales

Has estado tan estresada cuidando todos los detalles para que el día más importante de tu vida sea perfecto, que tal vez has olvidado un detalle muy significativo, a través del cual puedes mostrar tu agradecimiento a tu familia y amigos por su asistencia: los recuerdos de tu boda.

Tus damas de honor pueden sentirse halagadas de poder ayudarte en esta tarea, que también requiere preparación anticipada, quizá de varias semanas antes de la boda: escoger, elaborar o comprar los recuerdos, así como entregarlos a tus invitados. De ser posible deben personalizarlos, de modo que el detalle cobre aún más valor para cada uno de ellos.

Esta actividad requiere que mantengas comunicación permanente con tus damas de honor, para así tomar la mejor decisión. No olvides transmitirles claramente tus deseos al respecto, así como explicarles hasta qué grado pueden aportar e incluir sus propias ideas.

Los recuerdos no tienen que ser extravagantes o caros, con tal que sean de buen gusto. Piensa en algún objeto que, después de la alegría y la emoción que provoque el día de la boda, tenga alguna utilidad práctica que incluso le permita formar parte de la decoración de casas u oficinas. Otra opción que puede resultar deliciosa, aunque efímera, son las confituras o chocolates.

Por lo general estos recuerdos se entregan un par de horas antes de que termine la recepción y sólo a las damas invitadas.

Sugerencia

Piensa en agradecer a los padres de ambos regalándoles sus propios álbumes de la boda. Éstos podrían incluir una configuración especial de dibujos que se enfoquen en ellos y otros miembros de la familia más que sólo una copia de los tuyos. En la página de inicio incluye una nota especial de agradecimiento con las fechas y todos sus nombres, además de un mensaje especial para demostrarles tu aprecio.

Intenta con otra cosa...

¿Vas a elegir tu papelería? Echa un vistazo al consejo de la pág. 92, Comienza a difundir la noticia... para ver lo que necesitarás.

¿Otras dudas...?

Pregunta

¡Qué espanto! Acabo de toparme con una nueva pila de tarjetas de regalos que no he respondido, ¡ya pasaron seis meses desde mi boda! **¿Podré corregir mi falta?**

Respuesta

Claro que puedes. Saca tu libreta de direcciones y empieza a escribir. Es común que las parejas envíen tarjetas de agradecimiento en oleadas, ya que hay que mandar muchas. Por lo general, recibir a las puertas de la casa algo agradable, que no parezca factura, eliminará cualquier sentimiento desagradable casi de inmediato.

Pregunta

Pero, **¿acaso seis meses de atraso no son un exceso?**

Respuesta

Sólo di la verdad y no trates de esconderla; da la razón por la que te demoraste en contestar y explica cuán mortificada te sientes. Deja claro que el regalo fue apreciado tanto como los demás que recibiste.

Comida de amor

Es posible que estés demasiado feliz como para sentir hambre, pero seguramente tus invitados esperarán un poco de comida. Sin embargo, ¿qué satisfará las condiciones? ¿Una comida servida en la mesa para 200 invitados, o un sándwich de jamón en tu casa?

EL FORMATO DE LA COMIDA INFLUIRÁ EN GRAN MEDIDA EN TU MENÚ. TU ELECCIÓN ES CASI ILIMITADA SI OPTAS POR UNA COMIDA FORMAL, PERO TOMA EN CUENTA QUE TENER MUCHOS INVITADOS REQUERIRÁ PLATOS QUE TAMBIÉN PUEDEN, AL MISMO TIEMPO, PREPARARSE CÓMODAMENTE, ASÍ QUE NO PIENSES EN SOUFFLÉ PARA 300 PERSONAS. EN GENERAL, LO NORMAL ES QUE SE SIRVAN TRES TIEMPOS.

Para empezar, debes decidir qué papel desempeñará la comida en tus festejos y, después, tomar decisiones acerca de cómo lograrlo. Si deseas tener una fiesta digna, tus opciones son una comida servida en la mesa o un buffet. La primera requerirá la contratación de un servicio de meseros, al igual que un buffet formal, ya que se comerá con cuchillo y tenedor, sentados frente a mesas adecuadas y, por consiguiente, después del evento también habrá que recogerlas.

Otra idea es ofrecer un buffet de bocadillos más informal, que se coma mientras se está de pie y no tenga que recogerse de inmediato. Resulta obvio que la última opción es la más adecuada para las bodas que se efectúan en una casa, a menos que planees colocar una carpa.

Un buffet donde los invitados se sienten, te permitirá planear la disposición de los asientos y es una opción un poco más económica (y a menudo menos estresante) que el banquete. El buffet solía consistir en un conjunto de alimentos fríos, pero actualmente también puede incluir platos calientes. Un buffet de bocadillos permite que la gente coma y mezcle los alimentos y con frecuencia es una gran opción cuando estás presionada por falta de tiempo o apretada por el presupuesto. Recuerda que, no obstante, deberás disponer algunas sillas para los niños, mujeres embarazadas y personas mayores. (Debes asegurarte de proveer lo necesario para estas personas a lo largo del día, sin importar el formato que elijas.)

Los canapés son una forma elegante de atender a tus invitados mientras esperan la cena formal que se servirá en la mesa y también garantizan que se les sirva comida a los invitados vespertinos. Tu proveedor debe ser capaz de ofrecerte una selección de opciones, por lo tanto es recomendable que planees una sesión de degustación y veas lo que te gusta. Pide que te muestren fotografías de eventos previos, ya que la presentación es esencial.

Contratar el servicio de comida

Si planeas usar los servicios de comida del lugar que contrataste para celebrar la boda —hotel o restaurante— haz una prueba antes de confirmar. De esa manera conocerás su propuesta. (El día de la ceremonia puedes contratar personal adicional, pero al menos te dará una idea de cómo marcharán las cosas.) Si la comida es espantosa en condiciones de servicio normales, resulta poco probable que obtengas un buen nivel de calidad cuando la cocina tenga que lidiar con 100 cubiertos a la vez.

Para contratar empresas foráneas de banquetes, pide recomendaciones a todas las personas que conozcas. ¿La comida fue fabulosa en la boda de una amiga? Pídele el número telefónico. ¿Hubo canapés fantásticos en la fiesta de Navidad del trabajo? Averigua quién la organizó y consigue su dirección. Un proveedor con buena reputación también debe ser capaz de darte referencias.

Los proveedores (y hoteles) también tienen menús de muestra que abarcan diferentes tarifas. Éstos constituyen un sitio fantástico para inspirarse: pregunta si puedes combinar los platos de sus menús de muestra hasta encontrar lo que se acople mejor y no tengas miedo de hacer peticiones especiales. Sin embargo, ten muy presente que los platillos deben ser preparados en grandes cantidades en un tiempo específico, así que sé razonable.

Busca a los proveedores recomendados por el hotel; ellos conocen el esquema de las cocinas y, por lo tanto, deben ser capaces de lograr que todo marche bien. Si el hotel es nuevo para los proveedores, deben realizar una visita al sitio del evento para asegurarse de que tienen todo lo que se necesita para preparar el menú que has planeado.

Si se va a instalar una carpa, necesitarán llevar todo su equipo, incluso hornos, y ser capaces de manejar toda la limpieza y eliminación de desperdicios y botellas. Asegúrate de saber de lo que, tanto ellos como tú, son responsables. Pídeles que tengan un jefe de meseros que pueda actuar como intermediario entre tu padrino y la cocina de modo que el cortado del pastel, el brindis con champaña y la limpieza se realicen de forma eficiente. Incluso puedes darles una copia del programa. Muchos hemos asistido a una boda tan retrasada que todos están demasiado embriagados como para mostrar interés en la pareja que llega dos horas tarde.

Pregunta a la compañía que contrates qué servicios extra pueden brindarte: ¿cuentan con personal adicional para guardarropa y se hacen cargo del bar después de haber terminado con los tiempos de la comida? Además, ¿tienen contactos que distribuyen sillas y mesas, cubiertos y manteles? En ese caso, pídeles presupuesto, aunque no necesariamente elijas sus servicios.

Sugerencia

"Yo sólo como venado." Por supuesto, algunos de tus invitados tendrán requerimientos de dieta especiales, pero no por eso deberás dejarlos de lado y no servirles nada. Hoy en día, muchas personas no pueden comer ciertos alimentos, así que no está de más contar con una opción vegetariana. Averigua si alguno de tus invitados es intolerante al gluten, alérgico a los mariscos o debe evitar ciertos alimentos debido a razones religiosas. Siempre debes verificar que cuentas con porciones adicionales de las opciones vegetarianas; es casi seguro que alguien haya olvidado mencionar sus necesidades en la tarjeta en que confirman su asistencia a la boda.

Intenta con otra cosa...

¿Estás pensando hacerlo tú misma? Aligera la carga considerando cuál es la forma más fácil de manejar la parte líquida de los refrigerios: echa un vistazo al consejo de la pág. 68, Bebe y alégrate, para encontrar algunas opciones que te ayudarán a resolverlo.

¿Otras dudas...?

Pregunta

Tenemos una crisis de presupuesto y necesitamos recortar drásticamente los gastos en alguna parte. La opción más evidente es el buffet en la recepción vespertina, pero me parece que es de gente muy avara hacer que los invitados se trasladen —algunos desde grandes distancias— y no se les ofrezca comida como debe ser. **¿Pensarán que somos terriblemente descorteses si no lo hacemos?**

Respuesta

Si en las invitaciones no has manifestado que servirás comida en la recepción, entonces cualquier cosa que des será un bono adicional. ¿Por qué no consideras ofrecer bastantes canapés y persuadir a algunos primos entusiastas para que sean tu personal de servicio?

Pregunta

En las primeras etapas de planeación, **¿cómo podemos mantener cierta flexibilidad en los costos de los alimentos de nuestra gran fiesta?**

Respuesta

Tus proveedores deben ser capaces de proporcionarte algo especial sobre un presupuesto, así que pídeles algunas ideas. Si tú misma vas a preparar la comida elige un platillo que se pueda hacer con anticipación y que se guarde fácilmente. Considera contratar a alguien que caliente la comida y haga los preparativos finales de la noche; después de todo, no puedes esperar que tu mamá o tus amigos se pasen horas en la cocina cuando deberían estar divirtiéndose.

La luna de miel

El cuento de las postales en las islas griegas
no necesariamente las convierte en tu destino de ensueño.
Debes planearla con especial cuidado si esperas encontrar tu refugio
de felicidad ideal, con sol (o nieve) garantizado.

COMO DEBES SABER, SEGÚN LA TRADICIÓN ES RESPONSABILIDAD DEL NOVIO PLANEAR LA LUNA DE MIEL. SIN EMBARGO, LOS TIEMPOS CAMBIAN Y FRECUENTEMENTE LA NOVIA DESEA PARTICIPAR DE FORMA EQUITATIVA.

Entonces, ¿qué significa exactamente "luna de miel"? Tiene su origen en las épocas en que un hombre raptaba a su novia y ambos se escondían de los padres de ésta antes de casarse. Solían permanecer escondidos hasta un nuevo ciclo de la luna después de la boda y durante este periodo bebían vino de miel.

Tal vez necesitarán un descanso después de la boda para recuperarse de todo el estrés y el caos acumulados hasta la llegada del gran día. Si éste es el caso, planeen con cuidado la luna de miel y asegúrense de despilfarrar en algunos gustos adicionales, como autos que los recojan y transporten y asientos de aerolíneas agradables y cómodos.

Cuéntenles a todos que están de luna de miel porque a menudo podrán intercambiar de forma gratuita sus cuartos de hotel y vuelos por otros mejores si están disponibles. Además, en los hoteles tendrán gestos amables hacia ustedes, como champaña de cortesía en la habitación.

Puedes elegir uno de los paquetes que ofrecen los especialistas. La mayoría de las compañías tiene un folleto específico relacionado con las parejas que están de luna de miel; sin embargo, diferentes agencias de viajes ofrecen los mismos hoteles con distintas tarifas y paquetes, así que es mejor que consultes varias antes de tomar una decisión. Si se trata de un agente de viajes y no de una agencia, asegúrate de que te presente diversas opciones sin dejar de ganar su comisión; no tomes la primera opción que te den. Algunos hoteles a menudo insisten en que les muestres tu acta de matrimonio para que tengas derecho a un tratamiento especial, así que no olvides llevarla.

Para reflexionar...

“Sólo las pasiones, las grandes pasiones, pueden elevar el alma hacia las cosas grandiosas.”

DENIS DIDEROT,
filósofo francés

Si hiciste directamente las reservaciones, asegúrate de lo que incluye. Las imágenes que te muestren no necesariamente reflejarán la apariencia de tu habitación, de modo que debes preguntar si recibirás un cuarto de calidad comparable. No des nada por hecho, como una vista al mar, ya que necesitarás una confirmación por escrito del hotel sobre lo que te ofrecerá.

¿Adónde ir?

Piensa seriamente en todas las opciones para la luna de miel. No tienes que ir a los destinos tradicionales que muestran los folletos. Alguno puede anunciarse como la fantasía de toda pareja en su luna de miel, pero si tú eres de aquellos que les gusta escalar rocas o salir a los bares los fines de semana, ¿que te dejen abandonado en una isla aburrida será realmente lo mejor para ti? Pasar de vidas laborales ocupadas a mirarse todos los días entre cocteles servidos en cocos puede presionarte demasiado. Si te decides por unas vacaciones en un centro turístico, asegúrate de tomar un descanso de tu pareja con un tratamiento en un gimnasio o jugando golf, para que realmente añores el hecho de volver a reunirte con ella.

Si alguna vez deseaste tomar un descanso más largo, muchas empresas ofrecen la opción de una escapada que se prolongue algo más que el tiempo permitido usual de dos semanas. En todo caso, podrías usar este tiempo como una oportunidad para visitar la selva tropical brasileña o ir a ver las ballenas al Polo Norte.

Viajar sin estrés

Cuando hagas planes para tu luna de miel, considera la ubicación de tu boda y la recepción. Tal vez te guste la idea de bajarte inmediatamente del avión, pero un viaje de cuatro horas en auto al aeropuerto puede enfriar tu emocionante día. Considera reservar un hotel cercano para que puedas dejar la recepción sin tener que llegar aturdida. Haz que entreguen tus maletas en la suite nupcial durante la mañana siguiente para que no tengas que pensar en eso cuando inicie la luna de miel. Asegúrate de que sea una suite especial y que tenga una ubicación bonita. Podrías no ver mucho de los alrededores o del *spa* en esta visita, pero tal vez desees regresar a ese lugar para tu aniversario.

Hablando en términos prácticos, necesitas cerciorarte de que tienes todo lo que requieres antes de partir. Para viajar a algunos lugares más exóticos tal vez precisen algunos trámites y contar con documentación especial, así que asegúrate de haberlos cubierto antes de llegar al aeropuerto. Tan pronto como hayas elegido un destino, consigue una lista de vacunas necesarias y trata de programar su aplicación por anticipado, ya que podrías necesitar un curso o recibirlas de manera espaciada, así que date el tiempo suficiente.

Sugerencia

Pregunta a tus amigos y familiares sobre sus lunas de miel. Además de escuchar algunas ideas grandiosas para tus vacaciones, podrías tener cierta noción sobre algunos lugares que debes evitar (sin mencionar algunas grandes historias para los discursos).

Intenta con otra cosa...

Cuando planees despedirte en tu recepción, hazlo con estilo. Revisa el consejo de la pág. 40, ¡Haz tu entrada triunfal!, para garantizar que consigas el transporte adecuado.

¿Otras dudas...?

Pregunta

Aún faltan meses para la boda y ya estoy estresada. Realmente esperaba tener algo de tiempo libre durante la luna de miel, pero el que será mi esposo —quien, tengo que decirlo, ha logrado eludir todos los pleitos— quiere hacer algo más aventurero. **¿Qué puedo hacer?**

Respuesta

Sé clara y dile a tu pareja cómo te sientes. Pues bien, hay tres formas de superar esto. Primero, podrías elegir un lugar que ofrezca tanto actividades como una gran alberca o playa para pasear a sus anchas. De esa manera, puedes apoltronarte hasta que te hayas recuperado para después unírtele en otras actividades. En segundo lugar, prueba unas vacaciones en áreas gemelas, donde visites un lugar de playa como Cancún, y si así lo desean, poder dar el salto a alguna isla del Caribe.

Pregunta

¿Y la tercera opción?

Respuesta

Lunas de miel por separado.

Déjalos comer pastel

La mayoría de las mujeres se considera experta a la hora del pastel,
pero es un poquito más complicado de lo que parece.
Éste resulta tan importante para los sibaritas como el vestido y,
generalmente, ocupa un lugar central en la recepción.
Por eso debes tomar la decisión acertada.

EL RITUAL DE CORTAR EL PASTEL TAMBIÉN ES UN ASPECTO CLAVE DE LA RECEPCIÓN: LA PRIMERA REBANADA QUE LA PAREJA CORTA EN CONJUNTO SIMBOLIZA SU FUTURO COMPARTIDO. ANUNCIADO POR EL MAESTRO DE CEREMONIAS, ÉSTE POR LO GENERAL OCURRE DESPUÉS DE LOS DISCURSOS.

Los pasteles de boda han tenido toda clase de formatos y recetas con el paso de los años y su forma depende de las tradiciones del lugar donde vivas. Por ejemplo, la tradición inglesa dice que las damas de honor que duerman con una pieza de pastel bajo la almohada soñarán con su futuro marido (despertarán con pastel en el cabello y tal vez la mascota familiar les habrá lamido la cara). A menudo las parejas guardan la parte superior del pastel para el bautizo de su primer hijo.

Tradicionalmente es un pastel de frutas con una cubierta glaseada decorada de manera majestuosa, pero hoy en día muchas parejas no se apegan a esto; es muy común tener un pastel esponjoso de harina, huevos batidos y azúcar o una torre de profiteroles e incluso una tarta de queso. (¡Por favor!) En realidad, es una cuestión de preferencia, pero si quieres continuar algunas de las tradiciones clásicas del pastel, como la de guardar la capa superior para la llegada de nuevos invitados y la de enviar un poco a los invitados ausentes, es necesario que el pastel pueda guardarse y ser transportado; ten presente esto cuando lo encargues. Necesitas añadir este factor a los cálculos del tamaño apropiado del pastel para la cantidad de invitados.

Elegir el estilo y la decoración

Los símbolos que a menudo adornan los pasteles de boda tradicionalmente incluyen herraduras y modelos en miniatura de novias y novios. Sin embargo, en la actualidad tú única limitación es la imaginación. Considera la incorporación de flores frescas, colores exóticos o formas detalladas. ¿Por qué no pedir sus nombres

Para reflexionar...

“Qu’ils mangent de la brioche.”

[“Déjalos comer pastel.”]

MARÍA ANTONIETA

escritos con letras o una pila de pasteles de cuento de hadas que sean una copia de una silueta de pastel de bodas tradicional? Ten a la mano muchas revistas de bodas y observa hasta cansarte los estilos y variedades disponibles. Arráncalos y guárdalos en una carpeta, pero no trates de incluir cada pastel que veas. Si eliges a tu propio chef de repostería, seguramente tendrá una carpeta de trabajos donde mostrará sus encargos y estilos previos. No obstante, sólo constituirán orientaciones que tu chef repostero estará feliz de ajustar en términos de tamaño y estilo para que se acomoden a tus deseos, número de invitados y presupuesto.

Encuentra al chef de repostería

Las exposiciones para bodas son un lugar fabuloso para encontrar un chef de repostería adecuado y también te dan la oportunidad de comer pastel golosamente mientras merodeas buscando portafolios de boda. (Todo en nombre de la investigación, tú sabes.) Si el banquete lo va a dar un hotel o una compañía profesional externa, tal vez también puedan suministrar el pastel o tengan a alguien de confianza que lo haga.

Cuando hayas encontrado un chef de repostería que te agrade, debes tener la posibilidad de disfrutar una degustación. De nuevo, es con la mejor intención. Dile qué te preocupa, tus necesidades y presupuesto. El pastel de boda debe ordenarse por lo menos con tres meses de anticipación. Por lo general, el pastel se entrega en el lugar donde se celebrará el evento, durante la mañana en que será la recepción, donde se le darán los toques finales. Cuando llegue la hora de partir el pastel, asegúrate de haber organizado con tus proveedores si deseas que ellos corten el pastel para los invitados. Necesitas hacerles saber cuántas porciones necesitas (incluyendo los invitados ausentes) y si deseas conservar intacta la capa superior. Tu chef de repostería también debe ser capaz de decirte la forma adecuada de almacenar este pastel para que lo uses después.

Haz tu propio pastel

A pesar de que se dice que trae mala suerte, no es una idea completamente descabellada que puedas hacer tu propio pastel. Sin embargo, si todos te conocen como un desastre en la cocina, tal vez se considere una locura. Si aun así decides hornearlo tú misma, entonces debes planear hacerlo por lo menos un mes antes de la boda. Así, tendrás bastante tiempo como para tacharlo de tu lista antes de que el día se acerque. Puedes alquilar el equipo necesario, como moldes para pastel extra grandes, en las empresas que se dedican a la organización de eventos, o comprarlo en los negocios especializados en repostería.

Sugerencia

¿Mitad y mitad?
Si tu abuela es obstinada e insiste en que su pastel familiar adornará tu mesa de recepción pero no está al corriente de la decoración moderna, haz que un profesional lo termine de hacer. Otra alternativa, si no deseas estresarte por tratar de hacer que sepa bien pero quieres tener la oportunidad de que se vea bonito, es solicitar que lo horneen en otro lado y hacer la parte divertida tú misma (siempre y cuando logres hacerlo con anticipación).

Intenta con otra cosa...

Cerciórate de que el pastel vaya bien con tu tema o reúna los motivos de tus flores: repasa el consejo de la pág. 32, El ramo, sobre la selección de flores para decorar.

¿Otras? dudas...

Pregunta

Me encanta la idea de tener un pastel tradicional, pero la familia de mi pareja es vegetariana estricta, ¡y me ha dado una extensa lista de cosas que la receta no puede incluir! **¿Cómo consigo que todos estemos contentos?**

Respuesta

No entres en pánico; en la actualidad hay bastantes sustitutos de los ingredientes tradicionales. Echa un vistazo a un par de libros de cocina vegetariana que te permita conocer algunas ideas.

Pregunta

¿Cómo puedo complacer a la gente que es intolerante a ciertos alimentos?

Respuesta

No te preocupes, se puede hacer. Sin embargo, si realmente sientes que echará a perder tus planes, ¿entonces por qué no haces otro pastel para ellos? Podrías esmerarte en pedir a los otros invitados con intolerancias alimenticias que expresen sus necesidades específicas y entonces manejarlas de manera simultánea junto con las de los vegetarianos.

Y a tu izquierda...

¿Quién se sienta en la mesa principal? ¿Deben las parejas sentarse juntas?
¿Deberías verte como casamentera en la mesa de los solteros?
Los planes de cómo sentar a tus invitados son
muy delicados e importantes.

COMBINA A LAS PERSO-
NAS CORRECTAS Y TEN-
DRÁS LA RECETA PARA
LOGRAR UNA ATMÓSFERA INSUPERABLE
EN TU RECEPCIÓN. ES INDISPENSABLE
QUE HAGAS UN GRAN ESFUERZO PARA
QUE ESA MEZCLA FUNCIONE.

Cuando es hora de planear cómo
sentar a tus invitados, debes hacerlo por
lo menos cinco, o seis, años antes... Sólo
es una broma; sin embargo, la cuestión es
que los planes de asignar asientos definitivamente te llevarán más tiempo del que
te imaginabas.

"
La comida es nuestro tema en común, es una experiencia universal. "

JAMES BEARD,
chef estadounidense.

Necesitarás ser muy sutil y tener gracia para hacerlo bien.

Con un buen plan tendrás a gente que no se conoce riéndose durante toda la fiesta y fomentando el sentimiento general de dicha y buen ánimo. Un mal plan disminuirá la temperatura en la carpa alrededor de cincuenta grados y verás enredaderas trepando entre las mesas.

En un buffet de bocadillos definitivamente puedes evitar este tipo de estrés, pero cualquier clase de comida formal debe planearse de manera adecuada. Cuando decidas dónde colocar a los invitados recuerda que, más que una reunión de la universidad, ésta pretende reunir dos conjuntos de familias y amigos, así es que debes mezclar a la gente. Los viejos amigos tendrán mucho tiempo para reunirse después, durante la tarde. Si ocurre algo terrible, y los invitados no llegan por la razón que sea, aún serás responsable del costo de la comida pero, lo que es más importante, deberás reacomodar las mesas rápidamente para evitar que se noten los espacios vacíos.

Debes considerar sobre todo a los invitados solteros o que no vienen acompañados.

No los acorrales a todos en una sola mesa; en todo caso, podrías cubrirla de nieve y poner una bandera que diga "Siberia social". Lo mismo aplica a los invitados de diferentes edades. Comúnmente se sienta a los niños juntos pero no debes colocar a todos tus familiares mayores en una sola mesa. Sé considerada. Aunque no debes actuar como celestina con tus invitados solteros, se sabe que muchas parejas se conocen en las bodas, así que no tengas miedo de acomodar a algunos solteros juntos para que se conozcan.

También debes pensar en los niños pequeños. Una mesa para ellos es una fabulosa manera de mantener el desorden y caos hasta el mínimo, pero los más pequeños deben estar sentados con sus padres, así que es pertinente que hagas lo que puedas para que así sea. Toma en cuenta que los niños no son famosos precisamente por su paciencia, y tal vez ésta se les haya terminado para cuando llegue la hora de los discursos. Colócalos en un sitio en el que causen pocos problemas (como pararse de cabeza en la pista de baile) sin que obstruyan demasiado el desarrollo de la fiesta.

¿Redonda o cuadrada?

O incluso en forma de una gran "U", para evitar favoritismos. Sin importar la que elijas, asegúrate de que las mesas tengan una buena combinación de invitados en ellas, quienes, idealmente, estén conversando de forma agradable no sólo con sus vecinos inmediatos. Sin embargo, tal vez te encuentres con que las formas y tamaños de las mesas son dictados por el espacio y la forma del lugar. Recuerda que el personal de servicio y los invitados necesitarán poder moverse libremente, además de que los novios puedan circular y mezclarse con los invitados. De acuerdo con la tradición, la mayoría de las mesas principales es rectangular y se coloca de frente a las mesas de los invitados, pero puedes tener una mesa redonda si deseas ser menos formal (o visible, sobre todo ustedes, novias tímidas).

El orden básico de la mesa principal es el siguiente: dama de honor, padre del novio, madre de la novia, novio, novia, padre de la novia, madre del novio, padrino. Por supuesto puedes incluir a padrastros, hermanos y tus personas más allegadas. Si es el caso, sólo cerciórate de que los miembros de las diferentes familias estén mezclados y tengan la oportunidad de conocerse mejor. Es evidente que hay un límite para las personas que pueden sentarse en la mesa principal. Lo normal es que las parejas de aquellos que se encuentran en esta mesa, como las damas de honor y el padrino, se sienten juntos en una mesa cercana. Sin embargo, si se genera tensión sobre quién debe tener el honor de sentarse en la mesa principal, ¿por qué no romper con la tradición y hacer que miembros especiales del grupo sean los anfitriones en las mesas? También pueden emprender la importante tarea de promover una plática agradable en la que todos participen.

¡Siéntate!

A medida que los invitados entren al salón, es una buena idea tener exhibido un plano con la disposición de las mesas o, mejor aún, dos: uno a cada lado de la entrada. Esto permitirá que los invitados encuentren su mesa fácilmente sin ocasionar amontonamientos ni que la gente choque con los demás en la entrada y alrededor de las mesas. Puedes usar toda clase de métodos para diferenciar las mesas: números, floreros con flores distintas, globos o listones de diversos colores e incluso ponerles el nombre de diferentes mascotas familiares.

Sugerencia

¿Quieres que la atención en tu servicio de bodas sea tan afable como en un salón VIP de restaurante de cinco estrellas? Entonces debes dar las instrucciones adecuadas a los encargados del servicio de comida, incluyendo una copia completa del plan de asignación de asientos. Marca de forma clara todos los requerimientos especiales de personas vegetarianas, de manera que el personal de servicio no tenga que preguntar continuamente. Esto hará que esos invitados se sientan todavía más apreciados.

Intenta con otra cosa...

Mientras esperan para poder sentarse, mantén felices a tus invitados con un trago especial. Revisa el consejo de la pág. 68, Bebe y alégrate, para encontrar algunas ideas.

¿Otras ?
dudas...

Cuándo diseñemos nuestro plano para sentar a los invitados, **¿debemos dejar a las parejas juntas o separadas?**

Respuesta

Si quieren que los invitados se integren, debieran sentarlos en la misma mesa pero aparte; tal vez uno de cada lado.

Pregunta

¿Qué pasa si hay invitados que son tímidos? Mi hermana, por ejemplo, no es nada sociable y no hablará con nadie si la siento lejos de mi cuñado.

Respuesta

Entonces tal vez lo mejor sea no torturarla; que se sienten juntos. Es una celebración, no una prueba de resistencia.

Comienza a difundir la noticia...

Encontraste a la persona con la que quieres pasar el resto de tu vida, aquella que te propuso matrimonio y, ¡bravo!, todos comparten tu dicha. Ahora lo que tienes que hacer es contárselo al mundo entero. Hay algunos detalles que debes considerar para hacer circular la noticia.

YA QUE DECIDISTE DAR EL SIGUIENTE PASO, MANOS A LA OBRA. LA FORMA EN QUE ANUNCIES TU COMPROMISO ES UNA GRAN MANERA DE ESTABLECER EL TONO DE LA BODA COMPLETA. ¿Y POR QUÉ NO HACER UNA GRAN FIESTA MIENTRAS TANTO?

Actualmente no resulta inusual que las novias elijan sus propios anillos de compromiso y boda, en especial porque los usarán juntos. Si quieres darle algún presente a tu pareja cuando le hagas la propuesta (tomando en cuenta el hecho de que las mujeres modernas son quienes la hacen hoy en día) podrías regalarle

La boda perfecta

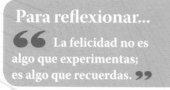

un recuerdo para remarcar la ocasión y después pasar por los anillos juntos. Una pieza de joyería como un collar o un reloj podría ser lo apropiado y sería algo que incluso podría presumir. Si deseas obsequiar un anillo, una pieza agradable de bisutería podría ser un bonito y memorable sustituto. Otra opción es que la forma en que plantees la pregunta se convierta en ese algo especial que te ayude a salir del apuro hasta que consigas el brillante. Piensa en llevar a tu pareja a su lugar favorito, llenar una habitación con flores, o hacer que tu propuesta adorne el tablero de noticias de un estadio de futbol. Sin importar lo que hagas, hazlo bien, ya que ésta será la historia que contarás a tus hijos en los próximos años. Preguntar cuando se está borracho: "¿entonces qué, nos casamos?", de alguna manera enfría el romance.

Reserva la primera plana

¿Son del tipo reservado que preferiría dejar que la noticia se difundiera verbalmente, o están planeando esparcirla mediante un avión que arrastre una bandera con el mensaje? Un anuncio en un periódico nacional o local es una forma común de darla a conocer. Sin embargo, toma en cuenta que se paga por palabra, así que ésta no es la ocasión para escribir largas y profundas declaraciones de amor (a menos que el dinero no sea un problema). Si no estás segura de la redacción, hojea la página de anuncios del periódico y pregunta si tienen un estilo formal que puedas usar.

Hay muchísima información que está ahí esperando que la encuentres. Existen numerosos sitios fabulosos de Internet que te darán ideas. También debes conseguir muchas revistas de bodas. Intenta primero con una gama de revistas diversas para que pruebes cuáles te acomodan mejor. Incluso si sabes exactamente lo que deseas, Internet y las revistas son un magnífico recurso para mostrarte dónde encontrarlo. Además, tus ideas podrían necesitar una pequeña revisión, ya que muchas mujeres planearon en serio sus bodas cuando apenas tenían doce años. Quizá esa manga abultada, copia de la que llevó la princesa Diana y con la que soñabas, ya no sea "in." Lo mismo podría decirse de los pasteles, vestidos y zapatos.

Las exposiciones para las bodas también son muy útiles. Por lo general se realizan en un hotel o algún sitio conocido de eventos de boda y son una magnífica forma de observar el talento en acción. Entre los expositores de estos eventos se encuentran arpistas, cuartetos de cuerdas, chefs de repostería, fotógrafos y floristas. Aunque no está de más que des una vuelta, la presencia regular de una compañía a menudo es una buena señal, ya que demuestra que evidentemente están organizados y motivados, cualidades que llegarás a apreciar a medida que inicias un proyecto que estresa, lleva tanto tiempo (¡y además diviértete!) como la planeación de una boda.

Tarjetas para "reservar la fecha"

Una manera estupenda de garantizar que todas las personas especiales para ti estén contigo en tu gran día es enviarles unas tarjetas para que "reserven la fecha." Sólo basta tener planeado con quién y cuándo te casas para entregarlas. La gente suele tener varias ocupaciones durante los fines de semana del verano, así que deberás asegurarte de que tu boda se encuentre primero en su agenda. Estas tarjetas se pueden comprar en la mayoría de las papelerías o también es posible mandar a hacerlas a una imprenta con el mismo estilo que desees para tus invitaciones. Si la boda va a ser íntima, confía en una llamada telefónica menos formal o en un mensaje de correo electrónico.

Sugerencia

Ten los elementos clave en su lugar antes de que empieces con lo complicado y divertido del asunto. Comienza con la fecha y lugar para tu boda (que será lo más difícil de asegurar) y después continúa con el sitio donde se llevará a cabo la recepción o la instalación de la carpa.

Intenta con otra cosa...

¿No puedes decidir dónde hacer la boda y la recepción? El consejo de la pág. 44, ¿Dónde? Elegir el lugar, te dará muchas posibilidades para seleccionar los lugares perfectos.

¿Otras? dudas...

Pregunta

Queremos tener una enorme fiesta de compromiso que realmente cause un alboroto, pero **¿eso significa que debemos invitar a todos los que vendrán a la boda?**

Respuesta

Por supuesto que no. Definitivamente muchos parientes mayores no tendrán interés en perderse una noche bebiendo y bailando al ritmo de un *hip-hop* excelente. Por otra parte, es una gran forma de incluir a todos sus amigos en las celebraciones si están planeando tener una boda pequeña o irse de vacaciones.

Pregunta

¿Y podemos pedir regalos de compromiso específicos?

Respuesta

Claro que no, no es nada apropiado hacerlo. De hecho, deben aceptar todo y nada con la misma gracia. Sólo alégrense de que sus amigos aparezcan para desearles lo mejor.

Escoger un tema
para la decoración

Es mucho menos aterrador de lo que pudieras pensar.
Para inspirarte puedes tomar cualquier cosa:
un color favorito, un periodo de la historia, incluso hasta tu película preferida.
No obstante, debes ser cuidadosa y evitar que tu boda
parezca un viaje a Disneylandia.

SIN IMPORTAR EL TEMA QUE DESEES PARA TU BODA, DEBES INVESTIGAR Y CREARLO DE FORMA ADECUADA. NO INTENTES QUE TU VESTÍBULO DE ALDEA REGIONAL TENGA UNA APARIENCIA MEDIEVAL A MENOS QUE QUIERAS QUE PAREZCA UNA PANTOMIMA. SIN EMBARGO, SI CUENTAS CON UN VESTÍBULO DE BANQUETES REGIONAL, ENTONCES HAY BUENAS PROBABILIDADES DE QUE TENGAS ÉXITO.

Las flores para la recepción, como todo lo demás, deben encajar con tu tema. Esto conlleva más que escoger flores del color adecuado. Una boda con tema campirano perderá su continuidad si optas por arreglos modernos y con diseños. Intenta utilizar campanillas de invierno o narcisos plantados en pequeños tiestos, o rosas comunes de tallo largo en colores como los rosados oscuros y el limón pálido.

Piensa en la hora del día: si tu recepción se llevará a cabo en invierno, tal vez al anochecer, un tema rico, con colores oscuros y mucho verdor, incrementará la emoción del evento, mientras que los colores pálidos tal vez se pierdan y queden mejor bajo una carpa bañada por el sol.

Al elegir el estilo y el esquema de color correctos, las flores pueden ayudar a transformar un árido vestíbulo de recepción en un espacio cálido y acogedor. Para un espacio especialmente grande, alquila árboles pequeños que conduzcan al salón o dividir algunas áreas para crear una sensación más íntima. La iluminación también es vital: trata de evitar cualquier luz superior muy intensa; si el salón ya cuenta con ellas, pregunta si pueden difuminarse. Las velas sobre espejos en el centro de las mesas despiertan interés y crean un punto focal resplandeciente. También es posible usar faroles para lograr un efecto fabuloso en las carpas; intenta combinar algunos faroles chinos bonitos de colores pastel que vayan colgados en los postes.

Para reflexionar...

"Me doy cuenta de que cuanto más trabajo, más suerte parezco tener."

THOMAS JEFFERSON

En algún lugar del arco iris

La elección de un color unificador o una combinación de colores te permitirá dar a tu boda un tema coherente y logrará que los demás aprecien más el esfuerzo que hiciste. Sin embargo, antes de comenzar, piensa en las damas de honor. El amarillo puede ser tu color favorito, pero necesitas tener cuidado con la sombra, ya que las trigueñas pueden verse fabulosas de amarillo, pero pocas rubias, con excepción de Doris Day, lo lucen con éxito. Así que no te apresures ni ordenes cientos de metros de listón amarillo antes de haber pensado en cómo se verán las doce damas malhumoradas y las jovencitas de las flores si el tono de su tez se confunde con el de sus vestidos.

Las texturas pueden ser tan efectivas como los colores. Un mantel de cloqué a cuadros con los bordes deshilachados es económico y fácil de hacer y creará una maravillosa sensación campirana en una carpa. Para terminar, amarra las servilletas con listones de paja y una margarita grande.

ensaladas ligeras, helados de fresa y una clásica bebida veraniega, como un refresco de saúco o una deliciosa limonada. Toma en cuenta la presentación. Si estás planeando una boda con pocos detalles, una bandeja blanca con diseños de figuras puede usarse para lograr un gran efecto si se sirve sushi. Una fiesta informal en el jardín posterior de la casa de tus padres junto al mar podría incluir baldes de aluminio (nuevos, ¡por supuesto!) con ostras en hielo. Intenta añadir pequeños toques a las bebidas, como florecillas de borraja (u otras flores comestibles) en tus cubos de hielo de modo que tintineen bellamente en cocteles de verano. Únicamente cerciórate de utilizar agua mineral sin gas para que el hielo no se vea nublado y eche a perder el efecto.

Sugerencia

Elige el menú de manera tal que refleje el tema si quieres lograr un efecto máximo. Las cenas formales en invierno deben ofrecer algunos alimentos sustanciosos y cálidos; lo ideal sería utilizar ingredientes de temporada. La menta y el limón son sabores frescos para bodas primaverales. Los días calurosos de verano piden

Intenta con otra cosa...

Dale un vistazo al consejo de la pág. 28, *Que vengan las flores, para encontrar más ideas sobre cómo intensificar el efecto de las flores.*

¿Otras?
dudas...

Pregunta

Vamos a celebrar nuestra boda y recepción en el mismo sitio y los salones se ven demasiado grandes. **¿Cómo podemos solucionarlo para que no luzcan como si estuviéramos perdidos en el desierto?**

Respuesta

Necesitan separar el espacio en partes que se puedan manejar mejor. Primero, consulten con el personal del lugar donde celebrarán la boda si hay forma de dividir el salón (éste puede ser un problema que ellos ya hayan superado antes). Si no es así, consideren la posibilidad de contactar a una empresa organizadora de fiestas o de decoración de eventos para que pliegue las cortinas y haga todos los amarres necesarios para obtener un cuarto temático dentro del ambiente. Imaginen el interior de la tienda de un maharajá. Ésa es la clase de efecto que pueden crear, haciendo que el espacio se vea más íntimo y con un estilo sibarita.

Pregunta

¿Hay algunos pasos que podamos seguir para reducir el tamaño de un corredor largo y tenebroso, de modo que la luz se refleje a través de él?

Respuesta

Olvidense de usar cualquier iluminación superior (sólo mostrará cuán altos son los techos) y coloquen candelabros sobre las mesas. Pueden contratar (con las compañías de eventos y banquetes que abastecen cosas como hornos industriales, sillas y mesas) cortinas de terciopelo negro extra grandes a las que se les hayan colocado luces de colores. Utilícenlas para dividir la habitación hasta el tamaño deseado y creen un pasaje hacia su nuevo ambiente más pequeño. Le añadirá un toque de emoción y se sentirá muy glamoroso. Sólo recuerden convertir la solución en una mejora y no en una medida desesperada.

Llévame a tiempo al altar

**¿Quieres que tu boda marche como una máquina militar bien engrasada?
Entonces debes planear las cosas seriamente y contar
con un programa perfecto de la ceremonia.
Hay muchas más cosas por organizar de las que crees, a menos
que quieras que tus invitados cabeceen
mientras bostezan y que sólo tengas 15 minutos para peinarte.**

CERCIÓRATE DE QUE AL MENOS DOS PERSONAS CUENTEN CON UNA LISTA IMPRESA DE TODOS LOS CONTACTOS IMPORTANTES, DESDE EL FLORISTA HASTA EL GRUPO MUSICAL, YA QUE FUNCIONARÁ COMO UN SEDANTE PARA CALMAR LOS NERVIOS DE TODOS TUS FAMILIARES. NO ES NECESARIO QUE HOJEEN FRENÉTICAMENTE EL DIRECTORIO TELEFÓNICO MIENTRAS TRATAN DE RECORDAR EL NOMBRE DEL JUEZ.

La atención de los detalles hará que todos estén contentos

La mejor forma de garantizar un día feliz es que todos los detalles sean bastante claros para todos. No te preocupes por parecer un fenómeno controlador; es mejor que tener que manejar el caos.

Considera dar unos pocos pellizcos para hacer que las cosas marchen todavía mejor. Las tarjetas sobre los asientos de la iglesia permitirán que los invitados especiales y los miembros de la familia sepan que se sentarán en la sección reservada, ya sea del lado de la novia o del novio. Puedes enviarlas junto con las invitaciones y decirles que deberán entregarlas a la persona encargada de asignarles el lugar al llegar a la ceremonia. También puedes dar instrucciones completas a esas personas allegadas que te ayudarán a acomodar a tus invitados para asegurarte de que todo vaya de maravilla y que se sienten en el sitio correcto, además de que tengas la certeza de que esa tía de carácter difícil será tratada con toda la reverencia debida.

Los programas de la ceremonia constituyen recuerdos adorables. Además de explicar la secuencia de eventos durante la misma, también permiten que todos los invitados sepan en dónde se espera que canten, se sienten, escuchen o lloren en las partes sentimentales. Las personas que te ayudarán con la asignación de lugares pueden entregarlos (es una forma atractiva de saludar a la gente y de hacerla sentir bienvenida), o pueden colocarse directamente sobre las bancas. Según la tradición, comienzan con la línea "orden del servicio" y deben incluir los nombres de la novia y el novio, la fecha, la música de entrada, himnos, oraciones, matrimonio, bendiciones y lecturas diversas. Quizá también quieras usar los programas como una oportunidad para hacer algún agradecimiento o anuncio especial.

Para reflexionar...

"La planeación meticulosa posibilita que todo lo que hace el hombre parezca espontáneo."

MARK CAINE

Sentarse cómodamente

Las tarjetas que señalan los asientos o lugares permiten a los invitados saber dónde deben sentarse durante cualquier comida formal. Aparte de evitar cualquier tumulto por querer situarse en la mesa que se encuentre más cerca del buffet o del bar, te brindan una oportunidad única para garantizar que los invitados se mezclen y conozcan entre sí. Mientras llega la gente puedes hacer dos cosas. La primera, colocar las tarjetas con los nombres ordenados alfabéticamente cerca de la entrada y mediante números, colores o motivos los invitados deben poder utilizar las tarjetas para encontrar la mesa que les fue asignada. La segunda es que puedes tener un pizarrón que enliste los nombres de cada invitado y muestre en qué mesa se supone que debe estar. En la mesa también debe haber tarjetas con nombres que señalen los lugares de los invitados. Ten a la mano a esas personas que te ayuden a que los miembros de la familia de más edad encuentren sus lugares. Y, por último, toma en cuenta que tal vez necesites sillas altas para los niños y una rampa para discapacitados.

Todo el mundo ha ido alguna vez a una boda que se convierte en un pandemonio: comida que no aparece por ningún lado, niños gritando e invitados comiéndose las decoraciones de la mesa (porque están tan borrachos a consecuencia de tener el estómago vacío que ya no les importa nada). Tu maestro de ceremonias, sea un profesional o tu padrino, debe asegurarse de que todo marche de acuerdo con el programa planeado.

La recepción debe ocurrir en este orden (o ser una variación cercana del mismo): los invitados llegan al lugar donde se lleva a cabo la boda y pasan la línea de recepción; la comida; los discursos y el brindis; el corte del pastel; el primer baile; la fiesta animada; la despedida de los novios; la despedida de los invitados… con un poco de suerte.

En la última semana antes del gran día, llama a todos tus proveedores y afina los últimos detalles. Cerciórate, por ejemplo, de que los floristas sepan dónde es la boda y a qué hora llegar para preparar todo (deben saber cuánto tiempo les toma) y de que todos los proveedores cuenten con un lugar adecuado para estacionarse (no querrás que los camiones de la compañía de banquetes estén dando vueltas a la manzana durante media hora y no puedan descargar los hornos porque no tienen el permiso de estacionamiento de un residente).

Sugerencia

Con tantas cosas que hay que tener en mente, es fácil olvidar a los que no pueden asistir. Evita ofender a alguien o causar confusiones enviando tarjetas en las que anuncias el matrimonio a cualquiera que no esté invitado porque el número de asistentes debe ser limitado o porque viven demasiado lejos. También pueden enviarse tarjetas a otros conocidos que, aunque no sean particularmente cercanos a la familia, podrían desear enterarse del matrimonio. En vez de imprimirlas por separado, muestra un gesto más personal si escribes cartas en donde informes a todos tus planes y noticias.

Intenta con otra cosa…

Repasa el consejo de la pág. 88, Y a tu izquierda…, para saber cómo planear, dónde se sentarán los invitados y asegurarte de que se encuentren contentos y que platiquen entre sí.

¿Otras dudas...?

Deseo casarme en mi iglesia local, pero el único sitio adecuado para la recepción está a más de 30 km. **¿Será demasiado lejos para trasladarse?**

Respuesta

No necesariamente, pero hay algunos factores obvios que debes considerar. Asegúrate de que la ceremonia no termine justo cuando comienza la hora pico. Lo ideal sería que evitaras cualquier recorrido que pasara a través de zonas congestionadas.

Pregunta

¿Debemos tener un plan de contingencia para los invitados que lleguen a la recepción y que no van a ir a la ceremonia?

Respuesta

Sí, toma tus precauciones en caso de que suceda lo peor y, si te quedas atorada en el tráfico, haya alguien a la mano que los salude y comience con el festejo. Esta persona podría ser tu proveedor, que puede contar con personal cercano para dar la bienvenida a los invitados con una copa de champaña mientras alguien toca algo apacible en un arpa. Si esto sucede, aún así harán una segunda entrada triunfal.

Pies de Cenicienta...
y otras partes centelleantes

**Del mismo modo que el vestido, existen otras armas vitales
que necesitas para tu arsenal nupcial.
Para que te veas estupendamente hermosa debes invertir
en una buena y sorprendente dosis de planeación.**

HAY MÁS COSAS PARA REALZAR TU BRILLO QUE LA JOYERÍA Y OTROS ACCESORIOS A LA VISTA. SI NO CUENTAS CON ROPA Y ZAPATOS CÓMODOS, TU SONRISA RADIANTE PODRÍA RESQUEBRAJARSE Y CONVERTIRSE EN UNA EXPRESIÓN DE DOLOR AL FINAL DEL DÍA.

Las reglas básicas

Tu "armazón" será el más importante de todos tus accesorios de boda. La ropa interior que elijas, además de hermosa, necesita ser cómoda y encajar como un guante de modo que no aparezcan líneas, protuberancias o zonas hinchadas bajo tu vestido. Tu primer paso será que te midan correctamente, ya que muchas mujeres no usan la talla de sostén adecuada. Por ejemplo, en Inglaterra se calcula que alrededor del 75 por ciento de las mujeres usa la talla incorrecta, así que acude a tu tienda de lencería local o tienda departamental y consulta a una profesional. Además, averigua en qué etapa de tu ciclo menstrual te encontrarás el gran día; muchas mujeres padecen de retención de líquidos en ciertas épocas, lo cual puede aumentar hasta una talla completa de copa. Esto significa que tus líneas escurridas podrían ser más curvas de lo que esperabas. Quizá también te agrade la idea de sorprender a tu futuro esposo con un modelo especial de medias y liguero, pero si se van a notar bajo el vestido mejor prueba con un provocador sostén de encaje.

Para reflexionar...

66 La belleza como la percibimos es algo indescriptible; nunca podrá expresarse qué es o qué significa. 99

GEORGE SANTAYANA,
filósofo estadounidense

Cuando busques ropa interior, recuerda que es menos probable que las sombras color piel se noten a través de telas delgadas que el color blanco. Las pantaletas de corte francés también pueden proporcionar líneas más suaves que las bragas o tangas, así que compara todos los estilos, incluso aquellos que nunca usas.

También necesitarás el tipo correcto de sostén, en especial si llevarás un vestido sin breteles. Debe darte soporte sin encajarse. Pruébate muchos hasta que encuentres el estilo correcto para tu figura. Algunos vestidos tienen soporte incluido, aspecto que vale la pena tomar en cuenta. Si quieres usar una prenda que te estilice y que se meta en ciertas partes y aplane otras, cambia tu propuesta sexy por lencería para que puedas escabullirte después de la recepción y ponerte tu propio regalo de bodas para él. Así, guardas lo frívolo para después y no tendrás que estar sin soporte durante el día.

Zapatos

Existen pocas mujeres que no saboreen la idea de tener zapatos nuevos, pero esta vez hay muchas cosas que se deben tomar en cuenta, así que mira antes de abalanzárteles (a los zapatos). Los usarás todo el día y eso es mucho si no estás acostumbrada a usar tacones (e incluso si lo estás), en especial porque no estarás sentada durante mucho tiempo. Necesitas elegir un par lo suficientemente alto para que sea halagador, pero no tan alto como para que termines tambaleándote. Además, tendrás que bailar con ellos puestos, así es que ese ajustado par puede verse grandioso pero, ¿también te permite caminar?

Lo mejor es que encuentres los zapatos más cómodos y los uses como modelo; tal vez unos con correa y, por lo tanto, te hagan sentir más estable. Sin importar los que elijas, úsalos unos días para aflojarlos: no querrás terminar con ampollas. Revisa que tengan un poco de arrastre para que no tropieces al momento de bailar.

Elegir la joyería

Al escoger qué usar en tu gran día, primero debes considerar la línea del cuello de tu vestido. Una línea sencilla puede verse bien con joyería discreta o muy decorada. Las gargantillas lucen mejor en cuellos largos, a los que también favorecerá una delgada sarta de perlas en la base de la garganta. Si tu cuello

es corto, un diamante en una cadena podría verse mejor o, en lugar de la cadena, elige usar aretes que atraigan más la atención. Revisa que toda tu joyería haga juego. Tal vez sientas que tu tiara de perlas se ve recargada con tu cadena de oro, así que pruébate todo antes de caer en excesos. Ésta es una de las veces en que los familiares querrán ayudarte con "algo viejo, algo nuevo…" de modo que si te van a regalar los aretes de perlas en forma de gota de tu abuela, verifica que hagan juego con tu cadena de diamantes. Puedes animarte a ser un poco descarada y preguntar con anticipación si alguien tiene la intención de sorprenderte.

Sugerencia

Toma en cuenta la estación. En invierno puede ser necesario usar guantes, una pañoleta o incluso un abrigo (sin dejar de conservar el glamour). En verano podría ser necesario usar un chal ligero o una sombrilla para evitar el sol. Si tienes una recepción al aire libre, recuerda que cuando el sol se oculta, a veces se sienten escalofríos. Si no deseas usar un chal o un abrigo, prueba con un lindo saco de cachemira al estilo de la década de 1950. Y si tu boda es en época de lluvias, no olvides los paraguas.

Intenta con otra cosa…

Revisa el consejo de la pág. 16, La novia sonrojada, *para inspirarte al tratar de conseguir el vestido correcto que se apegue a todo lo demás.*

La boda perfecta

¿Otras?
dudas...

Quiero llevar una bolsa de mano para guardar lo que pudiera necesitar. **¿Sería poco razonable pedir que la cargue mi dama de honor?**

Respuesta

Se podrían comprometer a compartir una, pero si definitivamente quieres una propia entonces está bien preguntar (o más bien, demandar); después de todo, se trata de tu gran día. Sólo trata de que sea un lindo monedero y no una inmensa bolsa deportiva. Servirá para retocarte, no para hacer una reconstrucción. (Recuerda que tu dama de honor tendrá el "equipo" de emergencia como pañuelos, polvo, brillo o lápiz labial, rímel, toallitas desmaquillantes, en caso de que empieces a llorar, aerosol para el cabello y un par adicional de medias en caso de que lo necesites.)

Pregunta

¿Qué puedo hacer si no encuentro los zapatos adecuados para mi vestido?

Respuesta

Toma en cuenta que si encuentras el estilo correcto pero el color se te escapa, puedes mandar a teñir los zapatos para que combinen perfectamente con el vestido.

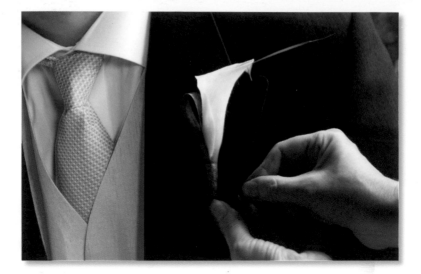

Elegir el traje de chaqué

**Novios: ¿ustedes pensaban que les iba a salir barato?
Se equivocaron. Su traje será la vestimenta más
minuciosamente observada y examinada que jamás hayan usado.
Elijan el adecuado de manera que luzcan como
si fueran parte de una pasarela.**

ÉSTE TAL VEZ SEA EL EQUIPO MÁS CARO QUE VAYAS A COMPRAR EN TU VIDA, DE MODO QUE DEBES ASEGURARTE DE NO ESCATIMAR EN LA CAMISA Y LOS ZAPATOS. Y POR FAVOR, POR FAVOR, INVIERTE EN ROPA INTERIOR Y CALCETINES NUEVOS: NO QUERRÁS QUE EN TU NOCHE DE BODAS LOS HOYOS DE TU ROPA PAREZCAN COMPUERTAS, ¿VERDAD?

Puede ir en contra de todo lo que conoces, pero es hora de pedir un poco de ayuda. En orden de preferencia, debes elegir como tu consejero a un amigo homosexual, una amiga elegante o, por último, a tu mamá.

No te será posible apreciar cómo te ves por detrás y tal vez no seas la mejor persona para juzgar si la tela le va bien a tu tono de piel.

Saca al supermodelo que llevas dentro

Los chaqués constituyen la elección clásica para una ceremonia formal: negro para el invierno y gris más claro y fresco para bodas en verano. No tienes que usar corbatín; puedes vestir un poco más informal con una camisa y corbata y dejar fuera el sombrero alto si realmente te hace sentir como si estuvieras disfrazado. Un traje de chaqué crea una figura afilada si tu figura no lo es tanto. Los brillos, los colores mates y las texturas pueden mezclarse para dar carácter a un traje, así que considéralo una forma refinada de expresar individualidad sin irte a los extremos. Una pregunta clave es qué tan a la moda debes vestir.

Podrías pensar que sería divertido recordar una boda que parece evocar increíblemente una época determinada, pero después piensa en los reestrenos de cualquier programa televisivo de la década de 1970: simplemente espeluznantes. Es mejor que pienses en imágenes clásicas que sean elegantes y aguanten la prueba del tiempo. ¿El traje gris espigado y la corbata azul que utilizó el príncipe Eduardo de Inglaterra serán una buena combinación, o tal vez el esmoquin de Clark Gable? O quizás el corte de trajes utilizados por la *Rat Pack* (en la que participaba Frank Sinatra como principal exponente de la banda) es el que acapara las miradas en un paisaje de Las Vegas. (Sólo deja la caja del violín en casa.) Entonces, ve a la caza de tu propio equivalente.

Puedes crear un poco de resplandor adicional con un forro de color o una flor que se lleva en el ojal. Es responsabilidad del novio proporcionar las flores de los ojales, así que haz el esfuerzo de elegir algo con garbo. Tu florista te podría ayudar a elegir un arreglo que combine con el ramo de la novia. Cerciórate de que se vea bien con tu corbata (e incluso con tus calcetines, para que luzcas genial).

Definitivamente debes hablar con tu padrino sobre su traje. Después de todo, él estará en muchas de las fotografías y si se aparece con un traje que recogió en una tienda de caridad el día anterior, podría ser la causa de tu primera discusión. Aunque no es necesario que tu traje y el de él hagan juego, ambos deben ser del mismo color: el marrón y el azul marino no constituyen un par complementario. Es evidente que esto no será gran problema si la boda es muy informal.

No dejes para mañana…

Si en algún momento deseaste un traje hecho a la medida, ésta tal vez sea la única vez en tu vida que tengas justificación para mandarlo a hacer, pero cerciórate de ordenarlo con tiempo suficiente. En primer lugar, necesitarás encontrar un sastre reconocido: pide recomendaciones a tus amigos que usualmente visten bien o a colegas. Selecciona una tela de buena clase que luzca bien y se vea fabulo-

sa. Ve por lo mejor que puedas costear. Elige el estilo que desees: ¿tres botones o cuatro?, ¿o quizás un traje clásico? Puedes estar tan a la moda como desees, pero un estilo clásico es la mejor inversión. En esta etapa, tu sastre tomará todas las medidas necesarias. Ahora es tiempo de hablar con él sobre tus partes no tan perfectas que te gustaría disimular. Dile cómo te gustaría que el traje cayera sobre tus hombros, cintura y zapatos. Lo magnífico de un traje a la medida es que puedes hacer que lo corten de manera tal que favorezca tu silueta. Pide a tu sastre todas las sugerencias que pudieran funcionar para la forma de tu cuerpo. También debes considerar añadir toques especiales, como un forro vistoso o botones especiales. En la prueba final debes ser muy exigente y pedir cualquier ajuste que consideres necesario.

Sugerencia

Empieza a buscar el calzado justo. Además de ser elegante y combinar perfectamente con tu traje, tus zapatos deben ser cómodos. Úsalos por lo menos dos o tres veces antes para asegurarte de que no te lastiman. Si tienen suelas suaves, deberías considerar rayarlos con líneas que se entrecrucen para que no resbales por pisos de mármol cuando te deslumbre el flash de las cámaras.

Intenta con otra cosa…

Lo del traje está resuelto; ¿qué tal el resto de tu persona? Repasa el consejo de la pág. 60, Novios acicalándose, para dar los toques finales.

¿Otras dudas...?

Pregunta

No puedo manejar la presión de elegir mi propio traje: mi prometida y su familia son unos fascistas de la moda. **¿Qué puedo hacer para asegurarme de elegirlo bien?**

Respuesta

Pídele que te consiga una serie de imágenes de revistas de bodas y que te señale claramente lo que le gusta.

Pregunta

Le habría pedido a mi prometida que me acompañara, pero ella desea que sea una sorpresa. **¿Cómo puedo tener una idea más clara de cuáles son sus expectativas?**

Respuesta

Pídele que te acompañe con el sastre o a tiendas en las que piensen comprar y que te dé una lista de los trajes que no querría que usaras "ni en sueños". Así, puedes fingir que posees un poco de autonomía para elegir de entre los demás y sabrás que ella no quedará decepcionada.

La banda sonora
de tu vida

Elegir el acompañamiento musical para tu boda suele ser difícil,
pero si aciertas con el apropiado también conseguirás
un ambiente uniforme y agradable para todos.
Quizá te guste un poco de música estruendosa de metales cuando
estás sobre tu moto, pero piensa si te gustará bailarla
cuando celebres tus bodas de plata.

NVIERTE MUCHO TIEMPO EN LA PLANEACIÓN DE LA MÚSICA Y ASEGÚRATE DE VER MÁS ALLÁ DE TUS GUSTOS HABITUALES. ¡NO A TODO EL MUNDO LE GUSTA LA MÚSICA ESTRUENDOSA!

TU ELECCIÓN TIENE QUE ABARCAR VARIAS GENERACIONES Y BRINDAR UNA ATMÓSFERA DE BUEN ÁNIMO. Y TRATA DE QUE SEA UNA MÚSICA QUE GENERE REACCIONES EN LOS DOS.

Para reflexionar...

66 **La vida es como la música: debe componerse de oído, sentimiento e instinto, pero no de reglas. 99**

SAMUEL BUTLER

Cuestiones prácticas

¿No estás segura de dónde comenzar? Existen muchas opciones, desde cuartetos de cuerdas, arpistas, cantantes solistas, bandas de jazz y hasta coro completo. Tal vez necesites música para la ceremonia, la recepción (mientras llegan los invitados) y una banda y/o un DJ.

Primero, cuando visites los lugares considera el tamaño y la acústica.

El gerente del hotel, el párroco o el proveedor de la carpa deben ser capaces de darte alguna orientación sobre lo que necesitas en términos de tamaño, potencia y, lo que es más importante, espacio. También piensa en tu alrededor: una boda primaveral en una iglesia puede requerir de un cuarteto de cuerdas, mientras que para una boda de invierno nocturna tal vez vaya mejor un pianista clásico.

Planea cuidadosamente lo que pidas de tus músicos; no esperes únicamente que se aparezcan y toquen mientras los invitados están sentados. Pídeles recomendaciones: ellos tendrán mucha experiencia y podrían ofrecerte magníficas sugerencias. Cerciórate de que tengan suficientes descansos y que cuenten con un espacio amplio donde tocar.

Música para la ceremonia

Hay más música para la ceremonia de la que te puedes imaginar. En primer lugar está el preludio, que los invitados escucharán mientras estén sentados y esperan a que comience todo. Éste puede ser tocado por tu arpista, cuarteto clásico, organista o incluso escucharlo por medio de una buena versión grabada. Después, viene la parte que todos se saben: se toca una música de procesión en la que los novios hacen su entrada triunfal. La pieza clásica es "La marcha nupcial", de Wagner. Otras elecciones populares son "La llegada de la reina de Saba", de Haendel, "La marcha triunfal" de *Aída*, de Verdi, la "Primavera", de *Las cuatro estaciones* de Vivaldi. Además de pensar en la música de llegada, necesitas pensar en la música del receso (la pieza que se toca cuando partes) y cómo funcionarán juntas.

No tengan miedo de hacer algo ligeramente descabellado: ésta es una ocasión optimista, donde todos están felices y a punto de celebrar, así que debe tocarse algo igualmente alegre y dichoso. También hay "interludios" durante la ceremonia, como la firma en el registro, en donde tal vez desees que haya música. Además, existe una parte llamada postludio, que es el telón de fondo musical que se toca mientras los invitados se congregan después de salir con rumbo a la recepción. Todo esto puede evitar que las cosas se sientan "planas" si de pronto la iglesia se encuentra vacía y en silencio después de que todos se fueron.

El deleite de la recepción

Cuando elijas un grupo musical para la recepción, pídeles que te den una grabación de su música o que te digan dónde puedes escucharla en vivo. Algunos grupos sólo tocan su propio repertorio —y no tocan peticiones—, de modo que necesitas estar segura de que van bien con la ocasión. Una práctica muy común es pagar el resto de los honorarios del grupo en la noche (habiendo pagado un depósito para asegurar la fecha). El padrino debe traer consigo el dinero y hacer el acuerdo. Aunque contrates un grupo musical, también es muy común contar con un DJ. Con una lista bien pensada de lo que se va a tocar, tendrás la música que deseas.

El primer baile

¿Cuál debe ser el primer baile? Puede tratarse de la primera canción que bailaron juntos, o tu canción preferida con la que se besaron por vez primera. Cualquiera que elijas, debes poder bailarla. Si no tienes ninguna candidata a canción evidente, quizá debas optar por una clásica que bailes a ritmo de vals o la canción de moda que se escucha en todas partes en el verano y que siempre te hará recordar tu feliz día.

Sugerencia

¿Quieren garantizar que su primer baile sea memorable y súper elegante? Tomen algunas lecciones de baile para que acaparen todas las miradas. También les dará la oportunidad de relajarse y escapar por un rato de las partes estresantes de trabajar para la boda, además de divertirse.

Intenta con otra cosa...

Confirma con el DJ que le hayas dado las instrucciones correctas y así garantizarás que no decaiga el ánimo durante la fiesta.

=*La boda perfecta*=

¿Otras? dudas...

Pregunta

Mi futura esposa es una mujer maravillosa pero una bailarina terrible. Sé que le aterra la idea de bailar nuestro primer baile. **¿Podemos simplemente olvidar esa parte?**

Respuesta

Puedes hacer lo que desees, pero es una bonita tradición que añade otro toque especial al día. Si decides omitir el baile, debes hacer que tu maestro de ceremonias o el DJ les comuniquen a todos los invitados que deseas que todos hagan del primer baile un esfuerzo compartido. Cerciórate de que no te estén esperando para hacer el primer giro o podrías tener una pista de baile vacía. Sin embargo, ¿estás seguro de que no puedes hacerla cambiar de opinión?

Pregunta

Ella realmente no tiene idea de la sincronización, entonces, **¿qué clase de baile puedo sugerir, que la persuada a bailar?**

Respuesta

Bien podrías intentar bailar un vals. Con algunas lecciones debe aprender al menos lo que sus pies deben hacer y después puedes mantenerla cerca de tu cuerpo y guiarla. Te verás muy varonil y protector mientras evitas que se golpee contra las mesas.

Segundos fuera

¿Segunda (o séptima) vez? ¿Te puedes vestir de blanco?
¿Tienes que invitar a los ex esposos? Debes pensar en algunas cosas adicionales
si ésta no es tu primera boda. De todos modos, no te preocupes,
con tu experiencia y tu madurez, será pan comido para ti.

En TÉRMINOS LEGALES NO EXISTE UN LÍMITE PARA EL NÚMERO DE VECES QUE PUEDES CASARTE, SIEMPRE Y CUANDO SEAS LIBRE PARA HACERLO (LO CUAL SIGNIFICA QUE SEAS VIUDO O DIVORCIADO Y PUEDAS PRESENTAR UN CERTIFICADO ORIGINAL DE DEFUNCIÓN O UNA SENTENCIA DEFINITIVA DE DIVORCIO). SIN EMBARGO, LAS OPCIONES PUEDEN LIMITARSE SI ÉSTA NO ES TU PRIMERA BODA.

Por supuesto existen restricciones en cuanto al tipo de boda que puedes celebrar en tu segunda vuelta, o en cualesquiera otra. Quizá te hayan prevenido sobre tener una boda religiosa, aunque podrías conseguir que un ministro les dé una bendición, pero en la iglesia católica esto es difícil. Comienza a preguntar sobre las opciones en tu iglesia o templo local.

Todos los interesados

Volver a casarse es algo muy frecuente hoy en día, pero aunque quizá muchos se alegren de tu decisión, es muy probable que necesites andar con cuidado. La primera y principal tarea es contarles a todas las personas interesadas de forma directa, de manera que no corras el riesgo que se enteren por otro lado. Los hijos de relaciones o matrimonios previos son los primeros que deben oír la noticia, para que se sientan especiales; después de todo, ésta será una nueva familia en sus vidas. Sin importar tu relación con tu ex pareja, ésta también debe saberlo tan pronto como sea posible. Incluso si las cosas están un poco tensas, no es justo que tus hijos tengan que ocuparse de las consecuencias negativas que podría acarrear la difusión de la noticia. Cuando les informes, ya debes tener una idea de cómo será el futuro: dónde vivirán todos, qué consecuencias tendrá para la vida cotidiana de los demás, cómo te imaginas la relación de los hijos al convivir con su nuevo "padrastro" o "madrastra", etc. Es natural que sientan una mezcla de miedo y emoción, así que adviérteles con suficiente anticipación para que se acostumbren a la idea. ¡No se te ocurra hacerlo una semana antes de la boda!

Para reflexionar...

"Puedes hacer esas promesas con la misma pasión por segunda vez. Ése es el poder regenerativo del corazón humano."

MARION WINK,
Revista O.

Hagan la lista de invitados conjuntamente

Decidir a quién invitar es otro asunto importante. Tal vez tengas una relación muy cercana con la familia de tu pareja anterior y quieras que estén ahí, o quizás los hijos de tu pareja deseen que su mamá o papá esté presente. En Estados Unidos existe una tradición llamada la cena de ensayo, que normalmente se realiza una noche antes del evento. Podrías celebrar tu propia versión de la misma un poco antes de la boda para presentar a todas las personas clave con las demás, ya que no es muy recomendable que se vean por primera vez el gran día. Esto debe calmar cualquier ansiedad inicial y, con suerte, dejarte tranquilo para que te concentres en tus propios planes. Permite que tu pareja y amigos te acompañen y apoyen a aquellos que sientan la situación un poco incómoda.

¿Cómo me veo?

De nuevo, necesitas mostrar un poco de sensibilidad. No aturdas a tu pareja con todas las características de tu ex; se supone que éste debe ser un nuevo comienzo para todos. Muchas parejas pagan ellas solas sus segundas nupcias y esto podría influir en gran medida en su estilo. Sin embargo, en este punto no hay restricciones. Hasta para el hecho de vestirte de blanco, debes hacer lo que prefieras: hay quienes se adhieren a la implicación original de que representa pureza, incluyo aquellas que se casan por primera vez. Sin embargo, toma en cuenta tu entorno. Si vas a tener una boda civil, vístete adecuadamente y de forma distinta que en la primera boda. Una segunda boda constituye una gran oportunidad para hacer algo que destaque tu personalidad y cómo tu pareja y tú se ven viviendo en el futuro. Una gran boda nocturna de blanco podría haber parecido lo correcto cuando tenías veinte años, pero a los cuarenta probablemente habrás cambiado en muchas cosas. Quizá te has convertido

en una aficionada a la salsa en años recientes y fantaseas con una parrillada en un jardín donde haya baile y pacas de forraje para sentarse.

Sugerencia

Los allegados que asignan y acompañan a los invitados hasta los asientos en la ceremonia, las damas de honor, las niñas que llevan las flores, los portadores del anillo, los padrinos y pajes son papeles grandiosos para otorgar a varios miembros de la familia a quienes desees honrar. Haz una lista de todas estas personas y ve si puedes conseguir la manera en que todos participen de forma especial. En todo caso, puedes pedir a tus familiares que hagan las lecturas o incluso que sean anfitriones de las mesas para que todos se sientan importantes y en su sitio. Hacer que las próximas hermanastras formen parte del séquito de las damas de honor es una forma fabulosa de lograr que se conozcan sin que sean el centro de atención.

Intenta con otra cosa...

¿Preocupada por dónde sentar a todos? El consejo de la pág. 88, Y a tu izquierda..., te ayudará a comprender cómo funcionan los planes para sentar a los invitados.

¿Otras dudas...?

Pregunta

Estamos planeando nuestra luna de miel y, la verdad, deseo que mis hijos vengan con nosotros, pero mi pareja quiere dejarlos en casa. **¿Quién de los dos está siendo poco razonable?**

Respuesta

Como su vida de casados consistirá en ser una familia, francamente debes admitir que tu pareja tiene razón en querer pasar la luna de miel estrictamente como pareja. Esto les dará una buena base para regresar a casa y enfrentar las realidades de una nueva vida familiar.

Pregunta

¿Qué hago si los niños son muy pequeños como para dejarlos con sus abuelos durante dos semanas?

Respuesta

No tiene caso alejarse si estarás todo el tiempo inquieta y haciendo llamadas de larga distancia. ¿Por qué no llegan a un acuerdo? Tal vez puedan organizar un descanso corto de manera que puedan disfrutar juntos de un poco de tiempo de calidad como pareja tras la boda y después hacer algo con los niños.

Ten una maravillosa noche de bodas

Tanto se piensa en la boda que es fácil olvidar la noche de bodas.
Finalmente, es casi seguro que esas cosas se ocupen de sí mismas.
En realidad, te impactará descubrir la cantidad de noches de bodas que acaban
en un desastre o, más precisamente, en una casta cama con dosel en un hotel.
Asegúrate de que eso no te pase a ti.

ENTONCES, ¿DE QUÉ SE TRATA LA NOCHE DE BODAS? BUENO, LOS INGREDIENTES PRINCIPALES SON LA PRIVACIDAD, LA INTIMIDAD Y, POR SUPUESTO, UN POCO DE AFECTO AMOROSO.

La luna de miel, que comienza con tu noche de bodas, tiene sus raíces (o una de ellas) en la palabra noruega *hjunottsmanathr*, la cual se relaciona con la época en que una novia era secuestrada de un pueblo vecino y después era escondida por el futuro marido. No se sabía dónde estaban y cuando la familia de ella dejaba la búsqueda, podían volver de su "escondite", que es lo que significa la palabra. En Irlanda, el "mes de la miel" se relaciona con el aguamiel, el cual bebían en la boda y tenía la intención de fomentar la fertilidad. Estas explicaciones resumen el sentimiento, así que, ¿cómo harán ustedes para cumplir las expectativas?

Volverse a conectar

Es común que las parejas pasen tiempo separadas a medida que se acerca el día de la boda, y que se hayan visto afectadas por las despedidas de soltera, de soltero y los planes de último minuto. Por tanto, no puedes simplemente aventurarte en un festival del amor desde el momento en que cierras la puerta de la habitación del hotel.

Para reflexionar...

“Si el sexo es un fenómeno natural, ¿por qué hay tantos libros sobre cómo hacerlo?”

BETTE MIDLER

Para que la intimidad reaparezca debes hacer un esfuerzo. Tómense algo de tiempo para volver a centrar sus mentes en ustedes. Beban una copa de champaña y disfruten la vista desde la ventana del hotel o tomen juntos un baño.

Todo a la hora precisa

Hoy en día, la mayoría de las bodas son asuntos que se prolongan, así que debes ser realista respecto de tu resistencia. No partan a las tres de la mañana y después esperen el desempeño del siglo, porque simplemente estarán demasiado cansados. Si realmente desean una noche especial en el área del amor, ¿por qué no consideran la posibilidad de irse temprano? Hagan una salida apropiada mientras la fiesta aún esté a todo vapor y después creen su propia fiesta. Una buena forma de dejar la fiesta atrás es reservar un hotel para la primera noche lejos del lugar de la recepción. Les quitará la tentación de bajar para bailar una última pieza y evitará que el padrino y los amigos llenen la cama con rollitos de salchicha. Mencionen en el hotel que es su noche de bodas y sean claros sobre cualquier requerimiento especial que tengan. Expliquen bien en cuánto tiempo piensan llegar y pídanles que tengan la habitación lista. Luces suaves en vez de luces superiores intensas y molestas, champaña enfriándose en hielo y pétalos de flores a lo largo de la cama originarán una atmósfera maravillosamente seductora cuando entren. Llama al hotel o pide a uno de tus asistentes que lo haga el día de la boda para que no se les olvide.

Beber demasiado
y usar tus mejores galas

Éste es uno de los clásicos enemigos de la seducción, ya sea en tu noche de bodas o en una noche de sábado normal. Debes tratar de tomar las cosas con calma y beber un vaso de agua por cada dos bebidas. Si no puedes soportar la sola idea de mantener tus manos lejos de las burbujas en tu día especial, entonces pide a tu cantinero que mezcle un coctel de champaña con fruta y hielo

para que te mantengas hidratada y disminuyas ligeramente el contenido de alcohol.

La ropa interior entallada también constituye una herramienta de seducción fundamental, pero no pienses en tener que usar algo incómodo todo el día sólo porque deseas ser una diosa del sexo. Además, quizás necesites elegir algo especial para usarlo bajo el vestido si está muy pegado o tiene corte bajo. En todo caso, puedes ser como una sirena de la década de 1950 y comprar un negligé especial para la ocasión, deslizándote desde el baño en que te cambiaste para hacer una entrada triunfal. Para los hombres, por lo general cualquier prenda limpia y nueva bastará.

Sugerencia

Tu líbido puede verse disminuida o desaparecer por el exceso de cansancio y el estrés, y es muy probable que ambas situaciones se presenten a medida que se acerca la boda. Programa algún descanso decoroso durante el mes anterior a la boda, para garantizar que estés relajada, feliz y lista para continuar, en vez de tensa y desesperada por apagar las luces.

Intenta con otra cosa...

Si quieres verte muy deseable, repasa el consejo de la pág. 56, El hermoso cuerpo, *que incluye* **sugerencias sobre cómo verte tan tersa como sea posible.**

¿Otras dudas...?

Pregunta

He estado con mi pareja durante diez años y temo que nuestra noche de bodas vaya a ser como cualquier otra: ¡una comida ya preparada y la TV! Hasta la lencería extravagante parece pasada de moda hoy en día. **¿Qué puedo hacer para darle sabor a las cosas?**

Respuesta

Piensa en aprender un poquito de un baile sexy, como el *striptease* o un tango candente. Podrías pensar que te avergüenza, pero ése es exactamente el objetivo de la clase, lograr que te sientas de forma distinta sobre tu cuerpo, que ganes confianza y ayudes a verte bajo una luz distinta. Inténtalo. Podría gustarte.

Pregunta

Me preocupa que estemos tan agotados emocionalmente que no tengamos el humor adecuado en nuestra noche de bodas. **¿Alguna idea sobre cómo podemos hacer más sabrosa la noche?**

Respuesta

Sentirás un alivio intenso, tal vez un sentimiento de pérdida, porque todo ha quedado atrás, pero ésta es la oportunidad para que te relajes. Mientras sorbes tu champaña, ¿por qué no encender las cosas poniendo en práctica algunos juegos eróticos mientras se van relajando? Existen muchos libros atrevidos que te ayudarían a poner a trabajar la imaginación.

El futuro llegó...

Ya te casaste y fue un día maravilloso; hasta tienes las fotos que lo prueban.
Pero, ¿qué pasa después de que encontraste el último
de los papeles picados y todo el mundo ya vio el video?
Comienza la vida juntos en serio, y puede ser duro al principio.

MUCHAS PERSONAS SIENTEN QUE DESPUÉS DE LA BODA SU VIDA ES MUY "PLANA". ES UNA SENSACIÓN COMPLETAMENTE NATURAL, DESPUÉS DE HABER SIDO EL CENTRO DE ATENCIÓN DURANTE MESES, Y A VECES INCLUSO DURANTE AÑOS. PASAR DE SER LA PAREJA DORADA A SÓLO SER COMO TODOS LOS DEMÁS PUEDE SER UN POCO EXTRAÑO.

Las primeras discusiones

Además de regresar a la Tierra, también pueden sufrir de "la película rosa de los matrimonios". Incluso las personas que han vivido felices juntas durante años, de pronto tienen conflictos. Esto ocurre a menudo porque tienen ideas conscientes o inconscientes sobre cómo funciona el matrimonio, como una película que se proyecta en sus cabezas de cada modelo de matrimonio que han visto desde las películas de Doris Day hasta la de sus propios padres. Aunque piensen que éste no es su caso, deben hablar en serio sobre cómo esperan que cambien las cosas. La mayoría de la gente se encuentra con que tiene nuevas expectativas, ya que no habría elegido el matrimonio si no esperara que transformara su situación en cierta forma. Puede ser tan simple como sentirse más comprometido, en cuyo caso tal vez ustedes esperen que su pareja reordene sus prioridades.

Es de esperar que a estas alturas del partido ya hayan discutido todos los puntos clave pero, aunque así fuera, deben tener una buena plática sobre sus expectativas. ¿Van a mantener su cuenta bancaria mancomunada? ¿Cómo se dividirán los activos como pareja casada? (Hoy en día muchas personas tienen sus propias viviendas antes de casarse: ¿juntarán estos bienes?) ¿Quieren tener hijos? ¿Siquiera tienen programado cuándo tener hijos y ambos están de acuerdo en el mismo plan?

Maneras de lograr que siga funcionando

Cada quien tiene su propia idea de cómo mantener vivo el amor, pero existen algunas técnicas sobre las que muchos expertos están de acuerdo. Mantengan sus propios amigos y pasatiempos para que aporten nuevas cosas a la relación; puede ser tentador pasar todo el tiempo juntos, pero para la mayoría de las personas eso se vuelve difícil a medida que pasa el tiempo. Todos necesitan tener algún lugar donde liberar la presión.

Muchas parejas creen que poder evitar las discusiones es una señal de éxito, mientras que para otros un duelo de gritos donde se dice de todo puede ser un suceso cotidiano. Ambos llegan a ser perjudiciales a su modo, desde contener resentimientos hasta hacer acusaciones llenas de desprecio; sin embargo, el punto clave para cualquier pareja es encontrar una forma en que los dos se expresen, en que ambos estén cómodos y traten los conflictos. Parte de la cercanía implica que puedan decirse cosas que no le contarían a nadie más, pero esto algunas veces significa que se vaya perdiendo la cortesía: "por favor", "gracias" y "¿te traigo una taza de café?", deben continuar durante mucho tiempo para que ambos se sientan apreciados. Además, sigan recordándose a sí mismos que cuidar del otro significa mucho más que simplemente evitar que su cuenta mancomunada se sobregire.

¿Qué otra cosa diferencia esta relación de otras que hayan pasado por sus vidas? Su vida sexual. Ésta en ocasiones se ve afectada a medida que la boda se acerca porque están sucediendo muchas otras cosas y puede ser que estén demasiado estresados o exhaustos, pero es uno de los factores que vuelven especial la relación. La luna de miel puede ser una gran oportunidad para reconectarse en este nivel antes de que vuelvan a su vida normal.

El cambio: el gran reto

Con un poco de suerte, pasarán los siguientes 50 años en un estado de felicidad extrema. Gran parte de ésta consiste en permitirse cambiar. Sé realista: no puedes depender del monstruo de la discoteca con quien te casaste para que comience la fiesta cuando ha dormido poco gracias a tu nuevo bebé. No lo confundas con la persona que era hace 20 años, a menos que puedas garantizar que tú no hayas cambiado un ápice desde que se conocieron, ni siquiera tu ropa interior. (Hecho que, por sí solo, podría constituir una buena causal de divorcio.)

Sugerencia

A muchas personas les gusta recordar el día de su boda y la razón por la que se casaron celebrando su aniversario. Según la tradición, algunos materiales están asociados con años particulares de matrimonio y la teoría es que reemplazan a los regalos de boda conforme se desgastan. Las buenas esposas

nunca olvidan un aniversario. Pues bien, aquí presentamos la lista de los regalos tradicionales. Añádela a tu agenda para que no tengas el pretexto de haberlo olvidado: primer año, algodón; segundo, papel; tercero, piel o paja; cuarto, seda o flores; quinto, madera; sexto, hierro o azúcar; séptimo, lana o cobre; octavo, bronce; noveno, alfarería; décimo, estaño; undécimo, acero; duodécimo, seda y lino fino; décimo tercero, encaje; décimo cuarto, marfil; décimo quinto, cristal; vigésimo, porcelana; vigésimo quinto, plata; trigésimo, perlas; trigésimo quinto, coral; cuadragésimo, rubí; cuadragésimo quinto, zafiro; quincuagésimo, oro; quincuagésimo quinto, esmeralda; sexagésimo, diamante; septuagésimo quinto, segundo diamante.

Intenta con otra cosa...

No dejes que los conflictos previos a la boda te intimiden. Platica con tu pareja para resolverlos entre los dos. Los mismos principios se mantienen después de haber vuelto de la luna de miel y tu nueva vida se extiende delante de ti.

¿Otras dudas...?

Pregunta

Algunas veces realmente me preocupa que mi pareja y yo no cambiemos al mismo tiempo. **¿Cómo puedo hacer que eso suceda?**

Respuesta

Asegúrate de volver a evaluar la situación de forma periódica y sigue preguntándote cómo funcionan las cosas. Por eso es que los aniversarios son tan importantes.

Pregunta

¿Acaso no es cierto que los aniversarios constituyan sólo una oportunidad para recibir algunos regalos y celebrar?

Respuesta

Sólo si no los aprovechas. Reserva una mesa en un buen restaurante y ten una buena charla. Al principio puede parecer un poco fabricada, pero es una buena ocasión para reflexionar y recordar todas las cosas buenas (y ligeramente malas) que la pareja vivió el año anterior, hacer un inventario de la relación y revisar que todavía vayan por el mismo camino.

Dirección editorial: **Tomás García**
Edición: **Jorge Ramírez**
Traducción: **E.L., S.A. de C.V.,**
con la colaboración de Mónica Portnoy
Formación: **E.L., S.A. de C.V.,**
con la colaboración de Yaneth Érika Mora
Corrección: **Alfredo Rivera, Aída Arcos y Víctor Hugo Romero**
Coordinación de portada: **Mónica Godínez**
Fotografías de interiores: **The Infinite Ideas Company Limited y IStock**
Fotografías de portada: **Photo Stock, S.A. de C.V.**
Adaptación de portada: **E.L., S.A. de C.V.,**
con la colaboración de Pacto Publicidad, S.A. de C.V.

Edición original en lengua inglesa:
© MMV The Infinite Ideas Company Limited
Título original: *Perfect Weddings*

Edición para América Latina:
D.R. © MMVIII por E.L., S.A. de C.V.
Londres 247, México, 06600, D.F.

ISBN: 1-904902-25-1 (The Infinite Ideas Company Limited)
         978-970-22-2032-9 (Para esta obra)

PRIMERA EDICIÓN - 1a. reimpresión

Marabout es una marca registrada de Hachette Livre.

Impreso en México - *Printed in Mexico*

Esta obra se terminó de imprimir en abril de 2009 en
los talleres de Editorial Impresora Apolo, S.A. de C.V.
Centeno 150, local 6, Col. Granjas Esmeralda
C.P. 09810 México, D.F.